pense rápido: novo empregado

Título do original: Fast Thinking New Beginner

Tradução:
Maria Aparecida Baptista

Editoração Eletrônica:
José Luis Guijarro

CIP-BRASIL. CATALOGAÇÃO-NA-FONTE
SINDICATO NACIONAL DOS EDITORES DE LIVROS, RJ.

T28n

Templar, Richard, 1950-
Novo empregado
/ Richard Templar, Ros Jay; [tradução de Maria Aparecida Baptista]. – Barueri, SP: Manole, 2003.
– (Pense rápido; 2)

Tradução de: New beginner
ISBN 85-204-1629-2

1. Pessoal – Orientação.
I. Jay, Ros. II. Título. III. Série.

02-1601. CDD 658.314
CDU 658.354.8

12.09.02 16.09.02 001721

ISBN: 85-204-1629-2

1ª edição brasileira – 2003

Direitos em língua portuguesa adquiridos pela:
Editora Manole Ltda.
Av. Ceci, 672 – Tamboré
06460-120 – Barueri – SP – Brasil
Fone: (0_ _ 11) 4196 6000 – Fax: (0_ _ 11) 4196 6007
www.manole.com.br
info@manole.com.br

Impresso no Brasil
Printed in Brazil

pense rápido: novo empregado

- planeje os primeiros dias dele
- transmita as informações necessárias
- integre-o com facilidade

Richard Templar

Manole

índice

introdução

Então, amanhã terá, em seu departamento, um novo empregado – um novo membro para a sua equipe. Excelente. Será ótimo poder dispor de mais um par de mãos. Mas, espere um momento: não estaríamos nos descuidando de alguma coisa? Quem vai explicar a esse novo membro da equipe as suas obrigações? Quem vai mostrar a ele onde fica a máquina de café? A companhia tem sistemas que necessitam ser transmitidos a esse novo empregado, para que ele possa se adaptar bem às suas práticas e convenções?

É, aconteceu. Você tem menos de 24 horas para aprender, entender e colocar em prática um programa completo de iniciação. Vamos ter de pensar no ritmo veloz da vida moderna. Mas nada de pânico. A ajuda de que você precisa está aqui. *Pense Rápido: Novo Empregado* é a sua bíblia, o seu guia para o maravilhoso mundo da iniciação – o programa de que o novo empregado necessitará para começar em seu novo emprego. Este livro mostra como pensar de forma rápida e inteligente. Este livro destrincha o assunto e diz o que você realmente precisa saber a respeito de como introduzir um novo membro na equipe com êxito e eficiência e como fazê-lo sentir-se realmente ambientado.

Claro – tudo é melhor quando se tem mais tempo, e este livro lhe dirá o que fazer com esse tempo, quando você realmente o tiver. Mas, por ora, o que você precisa é a versão "pense rápido". Você quer:

- **dicas para parecer saber mais do que realmente sabe**
- **atalhos que lhe permitam cortar o caminho de uma longa preparação (não porque você seja preguiçoso, mas porque simplesmente você não dispõe do tempo necessário)**
- **lista de itens indispensáveis que você possa consultar para ter certeza de que não se esqueceu de nada.**

... e tudo apresentado de forma clara e simples. E também concisa o suficiente para uma leitura rápida, é claro.

O ideal seria dispor de um tempo maior e já ter iniciado esse processo numa etapa anterior – de preferência na entrevista de admissão. Mas isto seria num mundo ideal, e nós estamos trabalhando no mundo real, onde os problemas surgem no último minuto e nunca há tempo suficiente para fazer

Claro – tudo é melhor quando se tem mais tempo, e este livro lhe dirá o que fazer com esse tempo, quando você realmente o tiver

as coisas de forma apropriada. Tudo a que podemos aspirar é fazer as coisas bem feitas e de uma maneira razoável. Você tem apenas um dia e é hora de acordar e sentir o cheiro do café – bebê-lo, sentimos muito, vai ficar para mais tarde. Se realmente está correndo contra o relógio, você poderá ter somente uma hora para se preparar, caso em que poderá consultar uma lista de itens no final deste livro, que o ajudarão a trabalhar a jato.

Mas, se lhe deram somente 15 minutos (às vezes acontece!) para a tarefa, consulte a versão "cilada", que o ajudará a preparar-se a uma velocidade supersônica.

Então, tire o telefone do gancho, respire fundo e não ceda ao pânico. Está tudo aqui e este livro o conduzirá pelo processo de saudar e conhecer o novo empregado, dar-lhe as boas-vindas e instalá-lo em seu departamento em no máximo 15 minutos, se esse for todo o tempo de que você dispõe. Qualquer minuto a mais é lucro. Portanto, pare de pensar em suas vinte e quatro horas como um tempo curto demais e comece a considerá-las um luxo. Até sobra um tempinho para você relaxar e tomar aquele café, agora.

trabalhe no ritmo da vida moderna

Este livro percorrerá as cinco principais etapas da iniciação de um empregado no novo emprego:

1. A primeira coisa a fazer é identificar o seu objetivo, para que você saiba para onde está indo e o melhor caminho para chegar lá.
2. Em seguida, daremos uma rápida olhada nas providências preliminares – o que acontece entre o dia da entrevista e o primeira dia. É provável que você não tenha tempo para nada disso, mas, pelo menos, será bom saber o que deveria ter acontecido, para que você se certifique de que, da próxima vez, acontecerá. Você também precisará saber o nome da pessoa que está chegando, que tipo de trabalho foi contratada para fazer, informar o resto da equipe sobre o novo funcionário, esse tipo de coisa realmente básica.
3. O próximo passo é estruturar um procedimento de boas-vindas para que o novo contratado se ambiente logo e você não tenha de se preocupar muito com a possibilidade de ele se sentir perdido, aborrecido ou decepcionado com o trabalho logo no primeiro dia. E abordaremos rapidamente o assunto treinamento, incluindo habilidades, conhecimentos e conduta, para que o novato possa enxergar um longo futuro na empresa com você.
4. Abordaremos necessidades especiais que poderão surgir dependendo do contratado, como por exemplo uma mulher que volte ao trabalho depois de ter filhos, pessoas com deficiências, pessoas pertencentes a minorias étnicas, trabalhadores mais velhos, pessoas que trabalhem meio-período, estudantes sem experiência, universitários recém-formados e executivos.
5. E, finalmente, trataremos de alguns procedimentos de acompanhamento, para que você fique de olho em seu novo empregado, não permitindo que ele caia no esquecimento em meio à rotina diária do seu departamento.

Portanto, pare de pensar em suas vinte e quatro horas como um tempo curto demais e comece a considerá-las um luxo

riscos inerentes

Claro que todos sabemos que você deveria ter tido mais tempo para preparar este processo de iniciação do novo empregado, se ao menos tivesse sido possível. Mas, para quê? *Pense rápido* fará com que você pareça preparadíssimo, de qualquer maneira. Para quê querer mais tempo, então? Bem, mesmo conseguindo desempenhar um bom trabalho de boas-vindas a esse novo empregado e ajudá-lo a encontrar seu próprio caminho, há certos riscos inerentes ao processo de fazê-lo em tão curto espaço de tempo. Algumas coisas demoram mais do que você pensa e, quando o seu tempo é limitado, igualmente limitadas são suas opções. Então, quais são as perigos de se preparar um programa de iniciação para um novo empregado em tempo recorde, ao invés de num prazo normal?

- **Na pressa de fazer o iniciante se ambientar logo, mostrar-lhe onde ficam e o que são todas as coisas e quem são todas as pessoas, você negligencia uma parte vital do programa de treinamento do novo empregado – por exemplo, como realmente fazer o trabalho para o qual ele foi contratado.**

- Você está com tanta pressa que escolhe alguém totalmente inadequado para acompanhá-lo no primeiro dia, e ambos se saem mal e ficam perdidos.
- Você está tão ocupado que sequer dá conta de dar as boas-vindas ao novo empregado, e ele acaba indo embora antes mesmo de ter a oportunidade de aprender o trabalho adequadamente.
- Se não estiver bem-informado, você poderá dar ao seu processo de iniciação um tom completamente errado – ao invés de receber um estudante recém-saído do segundo grau, que venha para o seu primeiro dia do seu primeiro trabalho na vida e que, portanto, precise que você lhe ensine até onde é o banheiro, você recebe um gerente com grande experiência e que gostaria de saber se o sistema do seu computador é compatível com o sistema ZX4000 que ele usava em seu último emprego e também se ele opera em Azul Cobalto com efeito Doppler em fundo de Cádmio 3D. (Socorro!)

Estes são apenas alguns dos riscos inerentes – há muitos mais, ao longo do caminho – mas o ajudam a compreender por quê teria sido bom ter mais tempo. Mas, ainda assim, é possível cumprir essa tarefa, e cumpri-la bem, se você seguir este guia, que teve a iluminação de comprar e que agora está aberto à sua frente. Este guia transformará um espetáculo potencialmente tenso e embaraçoso em um civilizado e eficiente processo de iniciação que deixará seus pares de boca aberta. Mas, procure conseguir mais tempo, da próxima vez.

Este guia transformará um espetáculo potencialmente tenso e embaraçoso em um civilizado e eficiente processo de iniciação que deixará seus pares de boca aberta

1 seu objetivo

Mesmo que você esteja atarefadíssimo ou sem tempo para nada, sempre há tempo para se estabelecer um objetivo. Motivo? Bem, você não se sentaria ao volante do seu carro sem destino algum em mente, sentaria? Você não compraria um bilhete de trem para "qualquer lugar", compraria? E você jamais embarcaria em um exercício profissional sem saber:

- **o que deseja atingir**
- **como atingir seu objetivo**
- **alguma forma de monitoramento para averiguar se você atingiu a meta.**

O QUE VOCÊ DESEJA ATINGIR

E o que você quer? Que o novo empregado se ambiente logo e que você fique livre dele da maneira mais rápida e indolor possível? Não, isso não. Você quer que ele seja bem-recebido, que se ambiente, que se sinta à vontade, que saiba se virar, que conheça suas obrigações, que conheça os outros membros da equipe, que alguém lhe explique as normas e políticas da empresa – esse tipo de coisa. Portanto, é bem possível que seu objetivo seja: *proporcionar ao novo empregado uma iniciação eficiente e calorosa.*

Como atingir seu objetivo

Mas como vamos atingir esse objetivo? Não me refiro aos detalhes, e sim aos termos gerais. Bem, se dinheiro não fosse nenhum problema, poderíamos designar para o novo empregado um mentor ou guia que o acompanhasse o tempo todo, durante as primeiras semanas, e lhe explicasse tudo. Mas, no mundo real – este em que vivemos – dinheiro é problema, sim, e somos limitados em nossos recursos. A iniciação do novo empregado tem de ser feita sem custos elevados, e ele precisa aprender de uma maneira eficiente e rápida. Podemos atingir esse objetivo promovendo a iniciação de mais de um empregado por vez. E, se isso não for possível, poderemos fazê-lo seguir um pacote sob medida que simplifique as coisas para ele. Precisamos desenvolver sistemas de iniciação *antes* da chegada do novo empregado. Então podemos acrescentar ao nosso objetivo o seguinte: *fazendo-o seguir as instruções já estabelecidas.* (E não se preocupe se sua empresa, por alguma razão, não tenha uma política ou algumas normas para iniciação de empregados – veremos como estabelecê-las, mais tarde.)

Precisamos desenvolver sistemas de iniciação antes da chegada do novo empregado

Um sistema de monitoramento

Como saberemos se o novo empregado se adaptou bem, se está feliz com seu novo emprego e se está trabalhando eficiente e satisfatoriamente? Precisamos de algum tipo de monitoramento, um acompanhamento contínuo para assegurar que o novo empregado não se perca dentro do sistema. Nosso objetivo realmente deveria incluir algo neste sentido: e *nos certificarmos de que os procedimentos de iniciação sejam satisfatoriamente cumpridos.*

UM TRABALHO RÁPIDO E EFICIENTE

Até aqui, nada mau, e só levou alguns minutos. Sei que as horas estão correndo e que você está ansioso para acabar, entrando em pânico como qualquer outra pessoa entraria, nesta situação. Mas

pense rápido

COMPRANDO TEMPO

Permita-se cinco minutos para refletir sobre seu objetivo e cronometre o tempo. Se dispuser de apenas uma hora até o novo empregado chegar, restrinja esse prazo para três minutos. Entretanto, empenhe-se para que essa reflexão não dure menos do que isso. Diga a si mesmo que, mesmo estando em pânico, você não vai gastar menos do que os cinco minutos reservados para a tarefa. Se terminar mais cedo, escreva o objetivo mais caprichadamente, para passar o tempo. Você provavelmente perceberá, entretanto, que cinco minutos é exatamente o tempo de que você precisa. Fazer corretamente esta parte lhe poupará muito tempo, mais adiante. Este é o fundamento sobre o qual todo o resto será construído. Se você o fizer errado ou não o fizer, estará construindo sobre areia movediça.

realmente não há razão para isso. Uma vez encontrado o objetivo, você pode desenvolver o trabalho em passos lógicos e fáceis. Você pode administrar por impulso ou pode ser racional, sem deixar de ser calmo e rápido. A primeira alternativa produzirá resultados incertos e a segunda, um trabalho rápido e eficiente. Você escolhe. Então, vamos dar uma olhada neste objetivo:

> Proporcionar ao novo empregado uma iniciação eficiente e calorosa, fazendo-o seguir as instruções já estabelecidas e nos certificarmos de que os procedimentos de iniciação sejam satisfatoriamente cumpridos.

Não está ruim. Mas está um tanto formal. Talvez pudéssemos simplificar um pouquinho:

> Acolher o novo empregado de uma forma calorosa e eficiente, usando os procedimentos-padrão da companhia, e certificar-se de que ele continue a se sentir motivado, entusiasmado e feliz em seu trabalho.

Nada mau. Agora temos um destino, algo que sirva de instrumento para medir nosso sucesso. Estamos prontos para cumprimentar o novo empregado amanhã sabendo que temos uma meta em vista.

Agora que você tem um objetivo, anote-o por escrito. Esta será a pedra de toque para todo o resto da sua preparação. Se algum aspecto do processo de iniciação não conduzir a esse objetivo, não perca seu tempo com ele.

Você pode administrar por impulso ou pode ser racional, sem deixar de ser calmo e rápido

2 antes do primeiro dia

Então, amanhã o novo empregado aparecerá, e o que será que ele espera de você? Sim, porque, a esta altura, ele já terá formado uma opinião sobre você e sua empresa, julgando pelo que aconteceu a ele até aquele momento. A imagem que ele tem de você na verdade começou no exato instante em que ele viu o seu anúncio publicado.

Pode ser que você não tenha tido a menor participação na redação do anúncio, mas terá participado das entrevistas e do processo de seleção dos candidatos, e pode até ter sido sua a decisão final que pendeu a favor dele. Mas a maneira como você comunicou que o emprego era dele, e o que ele tinha de fazer depois disso e antes de aparecer para o primeiro dia de trabalho, tudo isso faz parte do processo de iniciação. Provavelmente sem perceber, você já colocou a bola em campo, e esperemos que você o tenha feito de maneira eficiente e calorosa – lembre-se do seu objetivo. Examinaremos esse processo de iniciação preliminar e, se você estiver em dúvida, achar que falhou ou que não o fez tão bem quanto deveria, poderá fazer anota-

use a cabeça

NÃO PRESSUPONHA

Só porque o candidato apareceu para a entrevista e saiu-se bem, isso não significa que você pode relaxar e deixar as coisas correrem soltas. Você não deve pressupor que o novo empregado realmente aparecerá para o tão importante primeiro dia. Qualquer coisa que você faça neste intervalo de tempo entre a entrevista e a data de início poderá influir na decisão dele quanto a trabalhar ou não para sua empresa. Oficialize sua escolha, enviando ao candidato selecionado uma carta oferecendo o emprego. Não pressuponha que ele irá aceitar. Ele poderá ter sido entrevistado por várias empresas e ter ido bem em todas elas. A decisão agora se baseará na imagem que ele fez de você como possível empregador. Seja simpático e acolhedor em todas as suas comunicações.

ções e aperfeiçoar essa etapa, para uma próxima vez. Se você acabou de comprar este livro, saiba que a maior parte deste capítulo dirá o que você já deveria ter feito – mas ainda poderá haver tempo. Você poderá preparar uma pasta de boas-vindas nela incluindo as informações mais importantes. Não esqueça de mandar colocar na capa o nome da pessoa e cuidar para que a apresentação seja distinta e profissional.

O QUE O NOVO EMPREGADO ESTÁ PENSANDO

Antes de realmente aparecer para o primeiro dia de trabalho em sua empresa, o selecionado estará se fazendo uma série de perguntas:

Provavelmente sem perceber, você já colocou a bola em campo, e esperemos que você o tenha feito de maneira eficiente e calorosa

- **Será que irei me adaptar?**
- **Que tipo de regras terei de obedecer?**
- **Será que agüentarei esse novo emprego?**
- **Serei feliz trabalhando aqui?**
- **Meu primeiro dia será muito tenso?**
- **Que tipo de empresa é esta?**
- **O que posso esperar dela a longo prazo?**

E muitas outras dúvidas o assaltarão. Pense nas vezes em que você começou em um novo empre-

use a cabeça

AS DUAS PRIMEIRAS SEMANAS

Pesquisas demonstraram que as pessoas tomam a decisão de ficar em uma empresa ou deixá-la nas duas primeiras semanas no novo emprego – é isso mesmo, nas duas primeiras semanas. E esse é, geralmente, o mesmo período de tempo que dura um processo de iniciação. É perfeitamente possível que os dois fatos tenham correlação. Faça direito e eles ficarão. Faça errado e eles irão embora. É simples assim. E se, sem contar outros motivos, você vai gastar dinheiro para treiná-lo, adaptá-lo e empregá-lo, é sensato tanto do ponto de vista econômico quanto do humanitário que você o faça corretamente. Há custos na contínua reposição de funcionários e simplesmente não é justo para com eles serem mal acolhidos e sofrerem por más técnicas gerenciais. Não estamos falando que seja esse o seu caso, já que você pensa rápido e é inteligente – caso contrário, você não estaria lendo este texto.

go. Há no ar ansiedade, empolgação e curiosidade. Você quer saber como sua vida será afetada se trabalhar para aquela empresa e se os seus novos colegas de trabalho irão aceitá-lo. Esses temores são bastante naturais, mas podem estragar o prazer do primeiro dia. O seu papel, como um chefe que pensa de modo rápido e eficiente, é dissipar essas dúvidas antes que a pessoa ponha os pés na empresa.

Respondendo as perguntas

Então, qual a sua providência em relação a todas essas perguntas? Bem, esperemos que você responda muitas delas e tranqüilize a pessoa. Para isso, você precisará escrever a ela antes que ela comece na empresa, enviando-lhe informações básicas sobre a sua equipe, o trabalho, a empresa e as regras de comportamento ali adotadas.

pense rápido

COERÊNCIA

Procure deixar bem claro o que se espera dele e o que se aceita. Faça com que o primeiro dia do novo empregado guarde coerência com as informações enviadas a ele anteriormente. Não faz muito sentido enfatizar que a pontualidade é uma de suas exigências, se o resto da equipe imediatamente disser a ele para ignorar essa exigência, já que nada acontecerá se alguém chegar uma hora atrasado. Faça com que o resto da equipe esteja afinado antes de introduzir o novo empregado.

Pesquisas demonstraram que as pessoas tomam a decisão de ficar em uma empresa ou deixá-la nas duas primeiras semanas no novo emprego

INFORMAÇÕES SOBRE A EMPRESA

As informações enviadas ao novo empregado antes de ele começar terão uma influência bastante grande no modo como ele perceberá a sua organização. Ao enviar alguma informação ou comunicação a ele, procure:

- **não ser excessivamente formal**
- **não usar termos antiquados**
- **transmitir imagem positiva**
- **não implicar nenhuma discriminação**
- **não fazer falsas promessas**
- **fazer com que o novo empregado se sinta como um membro da "família", e não um dente minúsculo de uma enorme engrenagem.**

pense rápido

PREZADO SENHOR OU SENHORA

Em cartas ou comunicações ao novo empregado, procure personalizar a saudação, e não escrever " Prezado Senhor ou Senhora". Se sugerir que ele responda a carta, ao invés de usar frases formais do tipo "Queira responder ao Sr. Oliveira", escreva "Por favor, responda diretamente ao Marcos Oliveira". Dessa forma, você já terá ganho uma vantagem antes mesmo de ele passar pelo processo de iniciação.

Sua conduta

A forma como você se dirige por carta ao candidato é da mais alta importância. Ele terá uma boa percepção de como você considera os funcionários pela maneira como você o informa de que ele foi selecionado para o cargo e o que terá de fazer a seguir. Se suas cartas forem pomposas e cheias de frases desnecessariamente formais, ele o verá como antiquado e inacessível. Já, se suas cartas forem curtas e secas, ao ponto de serem rudes, essa é a maneira como ele o verá. Eis alguns exemplos do que *não* fazer:

> Prezada Sra. Santos:
>
> É com enorme prazer e satisfação que venho comunicar-lhe que a senhora foi selecionada como a candidata eleita para o cargo de assistente de redação da MegaPlus Ltda. Estamos ansiosos para recebê-la em nossa organização e solicitaríamos que a senhora iniciasse conosco no dia 21, segunda-feira. Pedimos a gentileza de apresentar-se à recepção nesse dia às 10 horas pontualmente, para receber instruções sobre suas obrigações e responsabilidades.
>
> Aproveitamos esta oportunidade para anexar um contrato formal, que a senhora deverá assinar e devolver ao Sr. Mendes do Depto. Pessoal até o dia 13 do corrente mês.
>
> Esperamos que seu trabalho conosco traga mútuos benefícios.
>
> Atenciosamente,
>
> Sr. Oliveira, Chefe de Pessoal

Ele terá uma boa percepção de como você considera os funcionários pela maneira como você o informa de que ele foi selecionado para o cargo

Prezada Sra. Santos:

O emprego é seu. Apresente-se à empresa no dia 21 às 10 horas. Anexo contrato. Favor assinar e devolver ao depto. pessoal até o dia 13.

Boa sorte.

Sr. Oliveira - Chefe de Pessoal

Ambas as correspondências deixam o contratado se sentindo um tanto menos impressionado do que poderia estar. Que tal esta, a seguir:

Prezada Bárbara:

Parabéns. Estamos contentes que você tenha sido escolhida para o cargo de assistente de redação de nossa empresa. Você poderia apresentar-se no dia 21, por volta das 9 horas? E, por favor, avise a recepção, ao chegar, pois gostaria de recebê-la pessoalmente.

Anexo, você encontrará um contrato de trabalho. Por favor, leia-o atentamente e, se houver qualquer item que você não entenda, sinta-se à vontade para ligar ao Manolo Mendes do depto. pessoal, no ramal 2341. Ele terá a maior satisfação em explicar-lhe o que for necessário. Quando estiver tudo de acordo, peço-lhe devolver o contrato assinado – de preferência até o dia 13, por gentileza.

Espero vê-la no dia 21 e aproveito para enviar uma pasta com informações sobre nossa empresa, para você dar uma olhada. Se tiver qualquer dúvida, ligue-me no ramal 2345.

Cordialmente,

Marcos Oliveira, Chefe de Pessoal

Aí está! Esse é o tipo de carta que fará a contratada sentir-se confiante, querida e respeitada.

- **Você se dirigiu a ela pelo primeiro nome, o que sempre parece mais cordial e mais amistoso.**
- **Você perguntou se ela poderia se apresentar no dia 21, ao invés de impor a data, mas também a repetiu no fechamento da carta; dessa forma, ela saberá que realmente não tem muita escolha quanto a isso. Assim mesmo, você deixou uma saída, caso aquela data realmente não lhe seja possível.**
- **Você sinalizou que " Marcos" e "Manolo" são tratamentos que ela poderá usar, ao invés de Sr. Fulano ou D. Sicrana.**
- **Você foi simpático e sinalizou cordialidade – uso de "por favor" e "contentes" .**
- **Você deu a ela informações vitais em caso de alguma dúvida – números de ramais e pessoas a contatar.**
- **Você indicou que não espera que ela entenda tudo o que vai ler e que a desculpará e compreenderá, caso ela precise de algum esclarecimento.**
- **Você indicou com sinceridade que espera vê-la e recebê-la na empresa no dia marcado.**

A CARTA DE OFERTA

Muito bem. E o que mais? Rápido, porque que o relógio está correndo e amanhã será o dia. Bem, precisamos dar uma rápida olhada no que mais você deveria ter enviado ao candidato selecionado, antes que ele chegue à empresa para começar.

Você se dirigiu a pessoa pelo primeiro nome, o que sempre parece mais cordial e mais amistoso

Abaixo, uma lista de itens importantes:

- o salário inicial e qualquer outro benefício que tenha constado do anúncio
- o cargo que será preenchido, com o nome da função, objetivo e breve descrição de deveres e responsabilidades
- a data de início, local e hora de apresentação – indicar também local para estacionamento ou estação de trem/metrô mais próxima
- como será o pagamento – mensalmente/semanalmente, por transferência bancária/em dinheiro, numa quinta-feira/no último dia do mês
- a graduação da função e o que isso significa – por exemplo, Técnico Nível 4, faixa salarial R$XX a R$XX
- exatamente onde a pessoa irá trabalhar – ela pode ter sido entrevistada na filial X, mas efetivamente irá trabalhar no prédio da administração central
- normas e acordos coletivos adotados na empresa – remuneração em caso de doença, licença-maternidade, planos de aposentadoria, feriados, horário de trabalho, intervalos, refeições, direito a pagamento por acúmulo de férias, período de experiência, etc.
- aumentos salariais previstos
- quaisquer procedimentos internos relativos a disciplina
- detalhes sobre transferências e condições oferecidas
- nome do supervisor direto da pessoa
- a quem se apresentar no primeiro dia

- o tamanho da equipe que a pessoa integrará e uma indicação do perfil dos futuros colegas – "Somos 20 pessoas trabalhando no departamento financeiro, com idade média de 30 anos; portanto, você se sentirá à vontade."
- quaisquer fatores especiais, tais como código de vestimenta, roupas especiais que devam ser usadas, tais como redes para cabelo, sapatos sem salto, jalecos brancos, etc. Indique onde tais roupas especiais podem ser adquiridas, e quem pagará por elas

Você também deverá deixar bem claro se a oferta de emprego está sujeita a aprovação de referências pessoais e/ou exames médicos. Se o exame médico for condição básica, você terá de explicar:

- onde ele pode ser feito
- quem pagará por ele (a empresa, é claro)
- a sua finalidade – por exemplo, para excluir a possibilidade de daltonismo, se você estiver empregando um técnico para misturar tintas em uma loja.

Negociando acordos

Obviamente, muitos dos itens acima mencionados não são negociáveis. Mas, e se forem? Bem, você deve ter esclarecido ao candidato muitas coisas na fase da entrevista. Mas procure deixar claro que, se houver algo que realmente lhe desagrade, ele poderá telefonar a você, e você estará aberto para discutir – e assim negociar – qualquer item com ele.

Mas procure deixar claro que, se houver algo que realmente lhe desagrade, ele poderá telefonar a você

pense rápido

VOCÊ SÓ TERÁ CERTEZA...

... quando ele puser os pés na empresa no primeiro dia – e, mesmo assim, será um período de experiência. Para ele, é claro. Ele tem o direito de ir embora, se quiser. E, antes de realmente pôr os pés ali, ele tem o direito de não se impressionar com a sua maravilhosa oferta de emprego. Ele poderá mudar de idéia, decidir mandar às favas você e sua proposta, ficar irritado com algo que você lhe tenha enviado, conseguir uma proposta melhor, decidir jogar tudo para o alto e sumir pelo mundo. Simplesmente, você não sabe. Portanto, não arrisque. Obviamente você quer o empregado, caso contrário, não iria anunciar o emprego, conduzir o processo de seleção, fazer entrevistas, tomar a decisão e oferecer o emprego a ele. Não jogue tudo isso fora no último minuto parecendo hostil, rude, chato ou careta.

O CONTRATO

Legalmente, você é obrigado a oferecer ao novo empregado um contrato de trabalho por um período de experiência de 45 dias, prorrogável por mais 45 dias. Portanto, é melhor já ir providenciando tudo e fazer a coisa de modo correto e honesto – oferecer o contrato antes mesmo de ele começar no novo emprego. Não poderemos cobrir todas as minúcias jurídicas de um contrato de trabalho neste livro, mas ele deverá obrigatoriamente conter:

- o nome do empregador
- o nome do empregado
- os períodos de aviso prévio para ambas as partes (é preciso checar qual é o período mínimo estatutário)
- o período de experiência e como este pode ser prorrogado (ou não) se o trabalho não satisfizer os padrões desejados
- horário de trabalho
- salário
- data de início
- descrição da função
- como o desempenho é avaliado.

Lembre-se de que este é um documento de validade legal; portanto, deve ser preparado por profissional competente.

O QUE ELE DEVERÁ TRAZER

Ufa! Aposto que você não imaginava que havia tantos detalhes para cuidar. E ainda não terminamos. Você deveria ter avisado a ele o que trazer consigo amanhã. Não avisou? Talvez, então, seja o caso de telefonar a ele agora e pedir-lhe que traga:

- RG e CPF; certidão de nascimento, se necessário
- carteira de trabalho e número de inscrição no INSS
- dados da conta bancária, se for pagar o salário por esse meio

Não jogue tudo isso fora no último minuto sendo hostil, rude, chato ou careta

- certificados de qualificação que você precise examinar
- eventuais autorizações de trabalho
- CNH, se necessário
- o almoço (isto não é piada – se você não oferecer almoço ou não houver uma cantina, não deixe de avisá-lo)
- anotada alguma data em que ele não possa trabalhar, por alguma razão – como por exemplo um feriado já programado
- uniforme ou roupa especial requerida – você já deve ter providenciado este detalhe, mas nunca é demais lembrá-lo
- ferramentas especiais do ofício – novamente, é possível que ele saiba perfeitamente deste detalhe, mas um lembrete poupa constrangimentos
- eventuais formulários que precisem ser assinados e devolvidos, tais como carta de aceitação, contrato de trabalho, ficha do empregado para o departamento pessoal
- eventuais licenças de que ele possa necessitar para realizar seu trabalho.

A PASTA DE INFORMAÇÕES DA EMPRESA

Ótimo. Estamos caminhando bem. E, além da papelada de admissão, o que foi que você enviou a ele? Ora, a pasta contendo informações sobre a empresa, é claro. Você enviou, não? Claro que sim, mas, só para ter certeza de que essa pasta seguiu bem atualizada e será realmente útil, aqui vai uma breve lista do que ela deveria conter. Se você se esqueceu de enviar essas informações, não deixe de fazê-lo amanhã de manhã, assim que o novo empregado se apresentar para o trabalho.

pense rápido

COORDENE BEM OS HORÁRIOS

Se a sua equipe normalmente começa a trabalhar às 9 horas, não marque justamente esse horário para o novo empregado iniciar o seu primeiro dia de trabalho. Ele se sentirá perdido e intimidado, ao entrar com todo mundo. Faça com que ele comece um pouquinho mais tarde – digamos, às 10 horas. Com isso, você também terá chance de limpar a mesa e resolver qualquer problema urgente, tomar um café, ver se o pessoal já está a postos e trabalhando, e se preparar para recepcioná-lo.

Eis o conteúdo ideal de uma pasta de informações sobre a empresa:

- **uma carta do presidente ou superintendente da empresa dando ao novo empregado as boas-vindas**
- **um organograma apresentando a hierarquia da organização, com nomes dos cargos e de seus titulares**
- **uma carta de boas-vindas de eventual sindicato ou associação de classe a que ele possa vincular-se**
- **normas de tratamento ao cliente adotadas na empresa**
- **qualquer ideologia política, religiosa ou filosófica que a companhia eventualmente adote**
- **histórico da empresa, porte e filiais**
- **a frase que encerra a missão da companhia**
- **eventual literatura de vendas relevante para o iniciante**

Tome um café, veja se o pessoal já está a postos e trabalhando, e se prepare para recepcioná-lo

- relatórios financeiros e/ou o último balanço anual (em geral enviado apenas aos contratados de maior graduação na empresa)
- informações sobre clubes sociais ou atividades a que o novo empregado possa filiar-se.

O QUE MAIS VOCÊ TEM DE FAZER?

Aposto que, a esta altura, você já está arrependido de ter chamado o novo empregado para come-

pense rápido

CONHECENDO O ESPAÇO FÍSICO

Em muitos casos, considera-se um exercício útil oferecer ao novo empregado um giro pelo local de trabalho, antes de ele começar. Mais ou menos uma semana antes é o tempo ideal, assim tudo estará fresco em sua memória quando ele começar. Esse passeio dá ao novato uma idéia do que ele pode esperar e também delineará quaisquer problemas futuros que ele possa vir a ter, antes que eles surjam – "Ah, não sabia que vocês todos se sentam em banquetas tão altas, nas bancadas de trabalho; eu não conseguiria me sentar assim, tenho medo de altura", ou "Mas vejo que todos aqui fumam, e eu sou não-fumante; o que devo fazer?"

Proporcionar ao novo empregado esse rápido giro pelo local de trabalho é uma atitude simpática e também dá ao resto da equipe a oportunidade de conhecer o novo integrante – ainda que apenas rapidamente – assim, quando ele começar, terá uma idéia do que esperar.

çar amanhã. Não se desespere. Já estamos quase no final dos detalhes preliminares, e então poderemos passar a examinar o que mais interessa – o dia propriamente dito. Sei que o tempo é limitado e que os detalhes a cuidar são muitos, mas você está pensando rápido, usando a cabeça e vai conseguir.

O que falta fazer? Abaixo segue uma breve lista. Lista? Ah, não, outra lista não! Então, você preferiria ter de folhear calhamaços para extrair os pontos essenciais sozinho? Acho que não. Pois, então, aqui vai a essência, sem o blablablá:

- **Providenciar papéis de escrever e equipamentos adequados para o novo empregado.**
- **Verificar se foi reservada para ele uma mesa ou um local de trabalho, e que se estes estão limpos e arrumados para a sua chegada.**

pense rápido

UM DETALHE SIMPÁTICO

Você poderá querer providenciar algumas flores ou um vaso de plantas, se tiver realmente a intenção de impressionar. Ou, quem sabe, uma xícara especial para o cafezinho? Ou um risque-rabisque novinho? Ou um conjunto de lápis e canetas novos? Qualquer coisa de valor relativamente pequeno poderá ajudar o iniciante a sentir-se bem-acolhido, sendo um importante toque pessoal sem custar os olhos da cara. Mas seja coerente – ou você providencia um mimo extra para todos os iniciantes, ou então é melhor não fazê-lo para nenhum.

Mas seja coerente – ou você providencia um mimo extra para todos os iniciantes, ou então é melhor não fazê-lo para nenhum

- Não esquecer de providenciar chaves ou crachás/passes de segurança necessários.
- Encomendar placas de identificação para a porta da sala ou cartões de visita, se necessário (procure usar o nome da maneira como ele prefere: por exemplo, Júlio Mendonça, ao invés de J. Mendonça).
- Informar outros funcionários e colegas sobre o novo contratado.
- Comunicar aos seguranças da entrada e aos funcionários da recepção sobre a chegada do novo empregado, o seu nome, o seu cargo e sobre o local para onde ele deverá se dirigir.
- Procurar saber exatamente o que você vai fazer com o novo empregado no primeiro dia e nas primeiras semanas.
- Procurar agendar algum tempo para recepcioná-lo e participar do processo de iniciação.
- Eventuais treinamentos que julgue necessários deverão ter sido providenciados, vagas nos cursos reservadas, e o pessoal de supervisão informado.
- Comunicar ao pessoal de recepção/expedição de correspondência e à mesa de telefonia sobre o novo empregado.
- Providenciar para o novo empregado um número de ramal, se necessário.
- Há alguma informação relevante a respeito do antecessor no cargo, que você possa dar ao novo ocupante?
- Foi reservado um armário para o novo empregado, se este for necessário, e este foi limpo após ter sido usado pelo último ocupante?

- **O novo empregado precisará de uma senha para uso do microcomputador? Isso foi providenciado?**
- **Você está preparado? Você precisa de um curso rápido sobre treinamento de iniciantes? (Claro que não, você está lendo este livro!) Você conhece todas as condições aplicáveis a um novo empregado, e está totalmente familiarizado com as políticas e práticas de iniciação da empresa?**
- **O departamento pessoal já foi comunicado e recebeu todas as informações de que precisa?**

Pronto. Por ora, isso é suficiente. Estamos quase no fim desta etapa preliminar. O dia propriamente dito – amanhã – vai parecer sopa, comparado com todas as coisas que você tem de fazer *antes* de o empregado começar.

As cartas

Já demos uma olhada na carta normalmente enviada à pessoa para comunicar que ela foi selecionada após passar pela entrevista e fazer-lhe uma oferta formal de emprego. Essa é a primeira carta.

O selecionado deverá responder, aceitando – assim se espera – sua gentil e generosa oferta.

Agora é hora de enviar a carta de boas-vindas. Esta deverá conter as instruções para formalizar o vínculo empregatício. Em outras palavras:

- **dados e documentos que o empregado precisará trazer consigo**

O dia propriamente dito – amanhã – vai parecer sopa, comparado com todas as coisas que você tem de fazer antes de o empregado começar

- **onde e quando começar**
- **a quem se reportar**
- **informações sobre o período de iniciação, com o treinamento necessário**
- **Kit de boas-vindas.**

Ótimo. Isso é o que você deve enviar ao contratado. Agora, falta comunicar o fato formalmente ao departamento pessoal. Você precisará fornecer detalhes como:

- **O nome da pessoa, endereço, telefone, número da carteira de trabalho e da inscrição no INSS;**
- **Dados pessoais, tais como nºs de RG e CPF, data de nascimento, sexo, nacionalidade e atestados médicos.**
- **Detalhes sobre o trabalho propriamente dito, incluindo referências, prova de qualificação, número para inclusão na folha de pagamento, sindicato a que eventualmente pertença, dados da conta bancária, eventual adesão a algum plano de aposentadoria, emprego anterior, direito a férias/feriados, detalhes sobre o contrato enviado e assinado, departamento, detalhes sobre a licença de trabalho, se for necessária.**

E agora, acabou. Muito bem. Você agora tem uma noção bastante abrangente do que precisa fazer antes de receber o novo empregado, amanhã. Vale a pena repassar as listas anteriores rapidamente, para ter certeza de que não se esqueceu de nada.

para a próxima vez

Consulte regularmente as listas de itens anteriores, se você costuma contratar muitos empregados ou se não está familiarizado com o protocolo.

Mantenha anotações de tudo o que fizer, a fim de que você tenha algum tipo de histórico para poder consultar, no futuro.

Procure assegurar-se de que todas as pessoas da equipe entendem o que se espera e o que se exige delas – elas são capazes de elevar ou arrasar a moral de um iniciante mais rapidamente do que qualquer coisa que você possa fazer no sentido de recepcioná-lo bem. Se você acha que seria útil, treine sua equipe para saber ajudar novos empregados a se adaptar.

Não envie ao contratado cartas padronizadas de oferta de emprego ou de boas-vindas. Redija cada carta de maneira pessoal e cordial. Não há nada pior do que sentir, antes mesmo de iniciar em um novo emprego, que você é uma parte insignificante de uma organização enorme e sem rosto. Dê às suas cartas um toque humano.

Não há nada pior do que sentir, antes mesmo de iniciar em um novo emprego, que você é uma parte insignificante de uma organização enorme e sem rosto

3 no primeiro dia

Então chegou o grande dia e você está prestes a receber o novo empregado. Você já fez tudo o que estava ao seu alcance, verificando todas as listas do capítulo anterior, para que esse dia tenha sucesso e seja agradável para ele.

Agora você só necessita verificar se tem uma noção de tudo o que ele precisará saber. O primeiro dia será bastante tenso, e qualquer coisa que você possa fazer para tranqüilizá-lo e deixá-lo confiante e feliz será de grande valia para assegurar que ele não desista e que o seu processo de iniciação seja eficiente.

ENTROSAMENTO

Alguns recém-contratados parecem entrosar-se de imediato; são confiantes e se adaptam facilmente. Outros demoram mais e precisam de mais reforço.

A maneira como o iniciante se entrosa com o restante do pessoal é muito importante. Obviamente, haverá certa dose de cuidado por parte de todos da velha equipe, ao abrir espaço para um novo membro. Haverá julgamentos e comparações, se o contratado estiver assumindo o cargo de alguém, especialmente se a pessoa que saiu era querida e popular. Naturalmente, haverá um certo desejo, por parte da velha equipe, no sentido de que o iniciante se entrose e se adapte logo.

Ritos de iniciação e brincadeiras para descontrair

Algumas instituições promovem brincadeiras ou pregam peças no novo empregado, outras promovem até mesmo "ritos de iniciação" mais sérios. Se o trabalho implicar algum tipo de perigo, em que os membros da equipe precisem confiar e contar uns com os outros para a segurança de suas próprias vidas – como por exemplo o corpo de bombeiros, o exército ou equipes de resgate em montanhas – esses ritos de iniciação podem ser extremos, para dizer o mínimo. A maneira como você vê tais brincadeiras ou ritos é algo inteiramente pessoal, mas realmente parece haver alguma evidência de que certa dose de "liga" poderá ser necessária para que a velha equipe aceite o novo membro. Tenha em mente que, quando o novo empregado não mais for visto como uma ameaça, terá passado com êxito no teste de admissão de sua equipe – por mais extra-oficial que isto seja. Se as brincadeiras continuarem por muito tempo, ou forem muito pesadas ou pessoais, o novo contratado simplesmente irá embora. Você precisará monitorar a situação sem parecer estar interferindo ou discriminando.

A FILOSOFIA DO "GUIA"

Muitas empresas adotam a postura de que designar um "guia" para cada novo empregado é benéfi-

Você precisará monitorar a situação sem parecer estar interferindo ou discriminando

co. Esse sistema provou ser extremamente útil ao novo empregado, permitindo que ele se adapte mais rapidamente e com mais eficácia. O guia socorre o iniciante em muitas situações e está disponível para resolver quaisquer dúvidas que ele possa ter – e haverá muitas delas. Se você não gosta do termo "guia", pode chamar de "companheiro", "padrinho", "chapa" ou até de "amigo de novato". Fica totalmente a seu critério esse nome, mas continuarei a chamar o personagem de "guia".

O guia desempenha muitos papéis vitais que permitem ao novo empregado ambientar-se rapidamente. Há algumas regras básicas, tais como:

- **O guia deverá ter a mesma faixa etária que o novo empregado.**
- **O guia deverá ter uma função mais ou menos comparável à do novo empregado, e nunca subalterna.**
- **Eles deverão ter alguma coisa em comum, se possível, como por exemplo ambos residirem no mesmo bairro, ou ambos terem como hobby artes marciais, ou ambos dirigirem o mesmo tipo de carro – esse tipo de coisa.**
- **O guia deverá também ser relativamente novo na empresa – mas, claro, não poderá ser ele também um novo empregado – assim, terá ainda claros na memória os procedimentos e regras ali adotados.**
- **Essa combinação deverá ser apenas temporária.**
- **O guia deverá aceitar de bom grado o papel a ele proposto, não devendo ser obrigado a fazê-lo.**

- **O guia precisa ser um membro bem-aceito na equipe, e não um estranho ou pessoa antipática ou impopular;**
- **O guia deve ser uma pessoa segura, expansiva e amistosa.**

Se você achar alguém que preencha todas essas qualidades e exigências, avise-me, que eu a contratarei para ser guia dos meus novos empregados. Obviamente, trata-se de uma lista de qualidades ideais, só para você se basear e ver se o guia escolhido preenche tantas quanto possível.

O que faz um guia?

Bem, já vimos que escolher um guia requer certa reflexão, mas, o que você vai fazer com o guia, agora que já escolheu um?

pense rápido

PROCEDIMENTOS NO FIM DO DIA DE TRABALHO

Assegure-se de que o novo empregado saiba o que fazer no fim do dia. Pode ser que se trate do mais prosaico fechar de janelas, mas é possível que o encerramento da jornada requeira alguma instrução prévia, por exemplo para ativar alarmes de segurança, assinar o ponto na recepção, recolher um pager, levar trabalho para casa, tomar emprestado um laptop, reportar-se a um supervisor ou desligar um terminal de computador. Qualquer que seja a sua rotina de encerramento do dia, procure assegurar-se de que o novo empregado esteja bem versado nela, para não se sentir confuso no fim do dia.

O guia socorre o iniciante em muitas situações e está disponível para resolver quaisquer dúvidas que ele possa ter

Bem, ter um guia é muito útil para o novo empregado, mas também o é para você. Do guia você pode obter informações importantes sobre como o novo empregado está se adaptando, como ele parece estar se entrosando na equipe e quaisquer problemas que ele possa estar tendo. Tudo o que você precisa fazer é confiar no guia para que ele se faça às vezes de seus olhos e ouvidos, e para que ele fale com você no final do primeiro dia e no final da primeira semana.

O guia deve ser responsável por:

- **mostrar ao novo empregado onde guardar suas coisas**
- **indicar a ele onde e quando ir para almoçar**
- **mostrar onde ficam todas as coisas**
- **apresentá-lo individualmente ao restante da equipe**

pense rápido

APRESENTE O GUIA ANTES

O ideal seria você designar o guia bem antes de o novo empregado começar, e em seguida fazer com que ele tenha um primeiro contato com o iniciante antes do primeiro dia de trabalho. Com essa providência, você dará ao novo empregado um rosto familiar para ajudá-lo a se sentir em casa em seu primeiro dia. Se você é adepto do giro prévio pelo local de trabalho, poderia aproveitar para apresentar o guia na mesma oportunidade. O próprio guia poderá levá-lo para conhecer a empresa.

- **informar o novo empregado sobre as normas adotadas na empresa – tanto as formais quanto aquelas não escritas**
- **demonstrar como ligar computadores, operar sistemas de segurança, operar equipamentos como máquinas copiadoras, telefones, máquinas de fax, fragmentadoras de papel etc.**
- **explicar como são as pausas ou intervalos, como é a rotina de correio, e instruções básicas que dizem respeito à rotina do dia-a-dia.**

O guia basicamente tira a pressão de cima de você. Deixe claro para o guia o que você espera do novo empregado e como ele deverá se reportar a você. Você precisa de uma espécie de "miniprograma" de treinamento para iniciação do guia.

pense rápido

ATENDIMENTO DO TELEFONE NO HORÁRIO DE ALMOÇO

Muitos escritórios insistem em que, quando todos saem para o almoço, alguém fique para atender o telefone. O novo empregado deverá ficar isento desta tarefa durante o primeiro mês. É indelicado não incluí-lo no almoço, e desta forma ele também poderá conhecer melhor o restante da equipe e socializar-se. De qualquer forma, não faz sentido deixar o novato no atendimento do telefone, uma vez que ele não terá a menor idéia do que deverá dizer ou fazer, ou quem são as pessoas.

Se você é adepto do giro prévio pelo local de trabalho, poderia aproveitar para apresentar o guia na mesma oportunidade. O próprio guia poderá levá-lo para conhecer a empresa

O que não faz um guia

O guia não deve ser encarregado de cumprimentar o novo empregado quando ele chegar, no primeiro dia. Isto é seu dever. É sinal de educação, cortesia e amizade o chefe da equipe ser a pessoa a ir até a recepção – ou a qualquer outro lugar onde o novo empregado tenha de se apresentar, no primeiro dia – e apertar-lhe a mão, dar-lhe boas-vindas e acompanhá-lo até o seu posto de trabalho.Você pode até levá-lo até sua sala, inicialmente, e conversar com ele sobre o que você espera do trabalho dele, mas provavelmente ele só precisará ser entregue aos cuidados do guia, para acalmar seus nervos.

O guia não deve ficar responsável por receber os dados pessoais do novo empregado, nem acolher seus documentos, licença de trabalho ou qualquer coisa dessa natureza. Novamente, este é um dever seu. Um momento para fazer isso é quando você for cumprimentá-lo na recepção

pense rápido

REQUISIÇÃO DE MATERIAL

Certifique-se de que o novo empregado saiba onde obter os materiais de que necessita para realizar de modo adequado o seu trabalho. Esses materiais poderão ser desde papel, tinta, cartuchos de impressão, um laptop, até risque-rabisque, canetas, grampeadores, bloquinhos de recados adesivos, caixas de entrada-saída – o que for. Deve haver um sistema de requisição de material e o novo empregado deverá obedecer a ele – e o resto da equipe também.

O guia não apresenta o novo empregado a toda a equipe. Quem faz isso é você. Depois você passa o bastão para o guia, e ele faz as apresentações individualmente, sem que você esteja presente. Sua presença só vai servir para tornar o ambiente excessivamente formal e sem naturalidade. Você pode dizer: " Oi, pessoal, esta é a Júlia. Ela está começando conosco hoje [conforme você já os alertou durante toda a semana passada] como nossa nova projetista gráfica. O André vai ser o guia dela durante uma ou duas semanas. Ele vai mostrar a ela onde estão todas as coisas, e depois vocês poderão conhecê-la e bater um papinho com ela, assim que ela se instalar e tomar um cafezinho." Depois você deve deixá-los por algum tempo. Um pouco mais tarde você pode dar uma passada para ver como ela está indo. Depois que ela tiver se ambientado um pouco, o guia poderá apresentá-la a cada um dos integrantes da equipe, mas talvez somente àqueles com quem ela trabalhará inicialmente, já que muitas caras novas num só dia podem confundir a cabeça – você nunca consegue se lembrar de todos os nomes e acaba se esquecendo daqueles de quem precisa se lembrar.

O QUE FAZER EM SEGUIDA

Então, o guia assumiu uma boa parte do seu papel e você agora pode voltar para sua sala, pôr os pés para cima e relaxar. Você fez a sua parte e o novo empregado já se ambientou. Só se for em seus *sonhos!* Há ainda muita coisa que você precisa

Então, o guia assumiu uma boa parte do seu papel e você agora pode voltar para sua sala, pôr os pés para cima e relaxar

fazer. O tempo está correndo e precisamos trabalhar no ritmo da vida moderna, se quisermos cobrir todas as lacunas até amanhã, colocando-nos na pele do novo empregado.

Você precisa de um plano de ação – uma espécie de mapa das necessidades do novo empregado. Vamos apresentá-lo da maneira mais rápida possível, usando listas de itens essenciais, sem encher lingüiça. Tenha em mente que o novo empregado precisa conhecer:

O ambiente

- **os arredores**
- **os caminhos, andares, salas do prédio**
- **as conduções disponíveis**
- **onde estão as instalações e a que se destinam**
- **normas de saúde e segurança**
- **treinamento para casos de incêndio**
- **vigilância do local**
- **normas de manutenção e reparo**

O trabalho

- **o que está incluído no escopo de trabalho**
- **o que não está incluído no escopo de trabalho**
- **o nível de desempenho você espera dele**
- **o que fazer se as coisas derem errado**

- o limite de autoridade dele
- como o desempenho dele será avaliado
- de quais informações ele precisará
- quais equipamentos ele terá à sua disposição
- o desafio do trabalho
- disponibilidade de informações e feedback
- métodos de comunicação
- qualquer jargão ou linguagem específica que ele precise conhecer

A empresa

- o que ela faz
- seus fornecedores e clientes
- a frase que encerra sua missão
- suas filiais

pense rápido

FAÇA-O SENTIR-SE IMPORTANTE

Se o seu novo empregado precisa de uma caixa de entrada/saída, por exemplo, dê a ele uma caixa nova, e não a que pertenceu ao funcionário anterior, cheia de adesivos, rabiscos e chiclete usado. Faça com que seu novo empregado se sinta importante, faça com que ele sinta que merece o melhor. Essa é uma maneira rápida e nada dispendiosa de fazer com que ele se sinta bem em relação a você e à empresa.

- a empresa controladora
- a segurança que oferece
- sua história e seu futuro
- as instalações e facilidades que oferece aos funcionários

A equipe

- a hierarquia
- os subordinados
- os pares
- os supervisores
- outros colegas
- contatos sociais
- o que se espera dele em termos de políticas antidiscriminatórias
- dinâmica de grupo
- expectativas da equipe
- como o pessoal se entrosa
- com quem ele terá de trabalhar

Ufa! Quanta coisa. É óbvio que você não irá dar todas as informações a ele de uma só vez no primeiro dia. Você terá de repartir o volume em porções aceitáveis. E aqui o seu guia pode se revelar muito útil. Muitos dos pontos acima podem ser introduzidos com êxito ao longo das primeiras semanas pelo próprio guia. A sua tarefa é assegurar que o guia ajude o novo empregado a assimilar as coisas importantes em primeiro lugar, e que não o sobrecarregue com informações em excesso. O novo empregado pode muito bem querer saber tudo sobre a empresa, mas a primeira preocupação sem dúvida será com o seu trabalho propriamente dito – o que ele terá de fazer para ganhar o seu pão.

A SEMANA DE TREINAMENTO FORA DA EMPRESA

Algumas empresas adotam a prática de mandar o novo empregado fazer um curso de treinamento de uma semana antes de iniciar no local de trabalho. Essa prática pode dar bom resultado, uma vez que no curso ele aprende o que se espera que ele faça, mas muitos empregados que passam pela experiência a consideram bastante estressante, pois os afasta de casa, os isola em hotéis onde eles têm

pense rápido

NO FIM DO PRIMEIRO DIA

Faça com que o novo empregado fale com você ao final do dia para comentar quaisquer problemas que tenham surgido – esta deverá ser uma conversa muito breve, pois ele estará ansioso para chegar em casa – e para você ficar sabendo dele mesmo como foi o seu primeiro dia de trabalho. Não deixe de pedir ao guia que também fale com você no final do primeiro dia e lhe dê um relatório de progresso.

O novo empregado pode muito bem querer saber tudo sobre a empresa, mas a primeira preocupação sem dúvida será com o seu trabalho propriamente dito

de pernoitar uma ou várias noites e, às vezes, lhes dão a impressão de que aquilo que estão mostrando será completamente diferente da realidade que eles enfrentarão no dia-a-dia de seu trabalho.

O treinamento *in loco* pode ser mais benéfico a longo prazo. Mas, qualquer que seja a sua decisão, cuide para que o tom do primeiro dia – e das primeiras semanas – seja totalmente positivo. Deixe-o chegar mais tarde que o resto do pessoal e sair mais cedo. Elogie-o por adaptar-se tão bem e tão rapidamente. Tente se lembrar do seu primeiro dia de trabalho e esteja ciente de que ele tem muita informação para absorver, muitos rostos e nomes para se lembrar e muitas novas experiências para vivenciar de uma só vez. Ele ficará cansado e agitado. Deixe-o ir para casa sem chamá-lo para uma conversa muito longa. Não pergunte: "Então, o que você acha de nós depois deste primeiro dia?" Isso pode deixá-lo em uma situação difícil: se ele ficou pouco impressionado, não ficará bem responder isso, e se ele ficou muito impressionado, poderá achar que ficará parecendo bajulação se disser o que pensa.

Tampouco diga coisas como "Então, hoje foi um dia bem tranqüilo – mas espere só até a semana que vem, e você vai ver como a coisa aqui pega fogo!" Assim, você só o desanimará e fará com que se sinta despreparado.

Mas não nos precipitemos. Nem bem ele começou e já o estamos mandando para casa após o primeiro dia. Vale a pena estar preparado.

pensei rápido

LEITURA ADICIONAL

Se você tiver algum livro ou literatura apropriados sobre qualquer aspecto do trabalho do novo empregado, poderá valer a pena emprestar-lhe ao final do primeiro dia. Dessa forma ele perceberá que você se importa com ele (é claro que você se importa, mas é também preciso parecer que você se importa) e assim terá algo para levar para casa e ler, enquanto estiver relaxando no banho após um longo e difícil primeiro dia de trabalho – ou curto e fácil, dependendo de qual método de iniciação você aplique.

PLANEJANDO O DIA DELE

Para um empregado sem experiência, talvez seja melhor deixar o dia correr sem muita programação. Deixe que o guia dê o tom e o ritmo. Para funcionários mais experientes, você precisará de uma agenda para mantê-los ocupados e interessados e para mostrar que você confia em sua capacidade de discernimento e enfrentamento de situações. Talvez você precise montar com ele uma programação, caso ele queira logo arregaçar as mangas, conhecer todo o mundo de uma vez, fazer treinamento, dar um giro pela empresa – o que quer quer ele sinta que precisa fazer para adaptar-se com rapidez e eficiência.

Incentivos

Procure incentivar o novo empregado durante os primeiros dias. Incentive-o a fazer perguntas, assegurando-lhe que ele não deve sentir-se estúpido ou constrangido. Ele esquecerá de muitos detalhes e terá de fazer muitas vezes as mesmas perguntas até se tornar totalmente familiarizado com tudo. Estimule-o dizendo que ele vai indo bem, e que ninguém espera muito dele no primeiro dia. Incentive-o a usar de iniciativa e ditar o próprio ritmo. Encoraje-o a começar por alguma coisa útil, se é isso que ele acha que precisa fazer. Se ele não fizer ao menos alguma tarefa para valer, poderá ir para casa sentindo-se no banco de reserva. Obviamente, você terá de estabelecer metas realistas para ele atingir, mas poderá colocá-lo para ajudar os outros membros da equipe, o que estimula o contato social. Dê liberdade para que ele dê uma volta pelo

pense rápido

ACOMPANHANDO A TURMA

Se todo mundo costuma ir de caipirinha ou cervejinha na hora do almoço, deixe claro que o novo empregado não precisa acompanhar. Ele poderá não ter condições de gastar. Ele poderá não querer beber. Ele poderá precisar de um pouco de paz e tranqüilidade. Ele poderá se sentir constrangido em recusar o convite; portanto, deixe-lhe uma saída, para que ele não se sinta pressionado a ir.

Mas, se ele for, monitore o seu consumo de álcool e assegure-se de que ele não beba além da conta só para disfarçar uma possível tensão.

escritório para poder se orientar um pouco, em vez de ficar o dia todo sentado à sua mesa ou no seu posto de trabalho. E, por fim, dê abertura para que ele procure você, caso tenha qualquer problema com o trabalho ou com sua adaptação.

A chegada

Na verdade, apenas uma pessoa tem o dever de ir até a recepção cumprimentar o novo empregado na chegada – e essa pessoa é você, como já dissemos. Mas a recepcionista certamente deverá ser simpática ao dar boas-vindas. Você terá avisado a recepção da chegada dele – a que horas, nome e departamento, etc. – portanto, tudo o que o funcionário da recepção precisa fazer é pedir que ele aguarde e informar você.

Um compromisso inadiável

Já que você colocou esse compromisso na agenda, considere-o importante e prioritário. Simplesmente não há razão para se demorar ou atrasar, a menos que o escritório esteja em chamas. Se se tratasse de um cliente, você faria das tripas coração para ser pontual; portanto, faça o mesmo pelo seu novo empregado. Essa atitude dará o tom de educação e respeito que, esperemos, perdurará por todo o tempo em que ele venha a trabalhar com você.

Se todo mundo costuma ir de caipirinha ou cervejinha na hora do almoço, deixe claro que o novo empregado não precisa acompanhar

Contudo, se, por razões de logística, você não puder ir até a recepção para lhe dar as boas-vindas, é admissível que você designe alguém para acompanhá-lo até onde você esteja. Mas jamais o deixe ir sozinho. Isso é simplesmente imperdoável e pode amedrontá-lo, se ele se perder.

Certifique-se de que você se lembra de quem ele é e por que ele está ali. Após saudá-lo calorosamente, talvez você o encaminhe ao departamento pessoal, se for esse o caso. O departamento pessoal se encarregará de completar a documentação inicial.

pense rápido

NÃO ESTRAGUE O PRIMEIRO DIA DELE

Não permita que a pessoa estrague seu primeiro dia cometendo uma gafe como, por exemplo, estacionar sem querer na vaga reservada ao médico da empresa, pendurar seu terno no cabide de outra pessoa, sentar-se na cadeira errada e à mesa errada, usar algum objeto pessoal de alguém, não trazer o almoço quando deveria trazê-lo, perder-se, ser barrada por estar usando a entrada errada, dirigir-se a alguém inadvertidamente pelo nome ou título errado e passar vergonha por isso, ter de pedir para usar o toalete, ter de fazer as mesmas perguntas repetidas vezes e se sentir estúpida por fazê-lo, esquecer alguma coisa importantíssima, como por exemplo a carteira de trabalho, ou simplesmente atrasar-se. Seja gentil e razoavelmente tolerante no primeiro dia dela. Compensará, a longo prazo, se a impressão inicial que ela tiver de você for de tolerância e consideração.

Os dados que eles precisarão ter em mãos são:

- **RG e CPF, número de inscrição no INSS, número da carteira de trabalho, dados da conta bancária**
- **atestados de qualificação, CNH e certidão de nascimento**
- **dados sobre o parente mais próximo e nome e endereço do médico**
- **nome e endereço completos**
- **dados sobre plano de aposentadoria.**

Já listamos todos esses itens, com exceção dos dados sobre o parente mais próximo, mas esses somente servem para uso em eventual emergência e, esperemos, não serão necessários.

pense rápido

FALSAS EXPECTATIVAS

Ninguém consegue iniciar em um novo emprego e ir bem imediatamente sem supervisão, treinamento, incentivo e apoio. Deixe de dar essa assistência e o novo empregado tropeçará. Dê toda a assistência necessária e ele o compensará com um bom trabalho. A produtividade dele se elevará em relação direta com a quantidade de ajuda que ele receba. Abandone-o à própria sorte e o seu investimento irá por água abaixo. O seu trabalho não acaba quando ele inicia na empresa – ele começa. Não espere que ele se torne bom imediatamente. Isso não acontecerá. Ele simplesmente é humano.

Ninguém consegue iniciar em um novo emprego e ir bem imediatamente sem supervisão, treinamento, incentivo e apoio

A primeira conversa

Antes de entregar a pessoa aos cuidados do guia, você precisa ter uma conversinha com ela. Você pode fazer isso de modo bem informal, tomando um cafezinho com ela. O importante é fazê-la sentir-se bem-vinda, relaxada e "em casa". Faça-a sentir-se à vontade e explique que você quer conversar para assegurar-se de que ela:

- **entenda o trabalho que foi contratada para fazer**
- **esteja inteiramente ciente dos termos de seu contrato**
- **saiba como e quando receberá seu salário – e quanto este será, naturalmente**
- **entenda por que certas normas ou práticas são adotadas ali**
- **conheça a hierarquia (não muito minuciosamente, nesta etapa)**
- **receba e leia o manual do empregado**
- **tenha recebido instruções sobre o uso do carro da companhia (se for o caso)**
- **entenda regras sobre código de vestimenta, conduta, estilos da casa, normas disciplinares e igualdade de oportunidades**
- **entenda quaisquer instruções da empresa sobre como tratar com o público ou a imprensa e como proceder em caso de reclamações.**

Procure evitar a técnica do "despejo de papelada", entregando calhamaços ao incauto e dando-lhe um tapinha no ombro antes de despachá-lo e deixá-lo sem rumo. Vá com calma e examine as coisas com ele por partes. Você não precisa mostrar tudo nos mínimos detalhes inicialmente, apenas o suficiente para que ele saiba o que você está lhe entregando – ou lhe dizendo – e de forma que ele consiga encontrar algum documento novamente e saiba a que se refere e por quê.

CONHECENDO-O MELHOR

Isso não deve demorar muito – provavelmente uns 15 minutos. Você até pode pedir ao departamento pessoal que cuide da maior parte desses assuntos, se preferir. Uma vez destrinchada toda essa documentação, você pode começar a conhecer melhor o seu novo empregado. Dê-lhe uma idéia do que poderá esperar para hoje e para daqui a uma ou duas semanas. Explique sobre o sistema de guia e como funciona. Pergunte como ele chegou à empresa esta manhã e como foi a vinda. Pergunte sobre suas preferências pessoais em relação a música, comida ou qualquer outro aspecto, para estabelecer um pouco de comunicação e vínculo.

pense rápido

INVESTINDO SEU TEMPO

Sei que o seu tempo é valioso, mas o seu novo empregado também o é. Quanto mais tempo você investir nele, melhor ele se adaptará. Para isto, não há atalhos. Invista o seu tempo nele e receba os dividendos mais tarde.

Uma vez destrinchada toda essa documentação, você pode começar a conhecer melhor o seu novo empregado

Atitudes a evitar:

- **intimidá-lo**
- **sobrecarregá-lo de informações**
- **protegê-lo**
- **apressá-lo**
- **fazê-lo pensar que você está ocupado demais para tratar com ele**
- **esquecer o nome dele ou a razão por que ele se encontra ali**
- **despachá-lo depressa demais e entregá-lo aos cuidados de outra pessoa para se ver livre dele**
- **ficar irritado se tiver de repetir algo que ele não tenha entendido da primeira vez**

pense rápido

ESCOLHENDO O GUIA

Procure escolher um guia que jogue no mesmo time que o seu. Se vocês costumam fazer uma pausa de 15 minutos para um cafezinho no meio da manhã, assegure-se de que essa informação seja transmitida corretamente pelo guia, e não "Ah, e a gente faz um intervalinho que deveria ser de 15 minutos, mas sempre estica para meia hora."

Obviamente, o guia transmitirá todas as regras não escritas; por isso, talvez você precise apertar um pouco as rédeas da equipe, se o pessoal tiver relaxado um pouquinho, para evitar que o novo empregado adote maus hábitos.

- **dizer-lhe quanto dinheiro você investiu nele**
- **dizer-lhe como o antecessor dele era ótimo**
- **ser displicente: reafirme sua confiança nele e faça-o sentir-se bem-vindo.**

Tenho certeza de que você não tomaria as atitudes acima, mas é sempre bom saber quais você eventualmente poderia tomar – e assim ficar alerta para nelas não incorrer. Afinal, somos humanos, e

pense rápido

EMERGÊNCIAS E SEGURANÇA

Já informou o novo empregado sobre todas as normas e procedimentos relevantes de emergência e segurança? Estas incluem: alarme contra bombas, treinamento antiincêndio, ficar preso no elevador, evacuação do prédio, primeiros socorros (inclusive postos de socorros e socorristas), doença no trabalho (inclusive o médico da empresa, se houver), acidentes, riscos à saúde e à segurança (substâncias perigosas, contaminação alimentar, áreas em que não é permitido fumar, passagens e saídas de incêndio que precisam ser mantidas livres), roupas de proteção (se importante), eletrocussão, substâncias carcinogênicas (toners de fotocopiadoras, acetatos, tintas), perigos de radiação, e lesões por esforço repetitivo (LER). Poderá haver outros riscos não listados aqui, mas importantes no caso de sua empresa. Dê uma volta por sua área de trabalho e procure notar qualquer coisa que precise ser mostrada a um novo empregado não familiarizado com as práticas de trabalho de sua empresa.

Dê uma volta por sua área de trabalho e procure notar qualquer coisa que precise ser mostrada a um novo empregado não familiarizado com as práticas de trabalho de sua empresa

tendemos a estar muito ocupados ou muito estressados para fazer as coisas do modo apropriado. Obviamente que esse não é o seu caso, já que você se deu ao trabalho de fazer a coisa certa, ao comprar este livro. Mais um ponto para você, por sua diligência e discernimento. Muito bem!

Processo de mão dupla

Então, você está se comportando o melhor possível e fazendo tudo direitinho. Mas, e ele? Será que ele está percebendo isso? Provavelmente, não. Vale dizer que ele não seguirá um programa criado especificamente para fazê-lo ficar à vontade. Ao contrário, vai ficar bastante nervoso e possivelmente cometerá gafes chocantes. É bem provável que ele apareça na hora errada, no lugar errado e no dia errado. E não estamos falando de estudantes que acabaram de sair da escola. Sabe-se de executivos, profissionais formados e diretores experientes que se descontrolaram completamente no primeiro dia de um novo emprego e fizeram tudo errado. O que está em jogo, quando se conhecem pessoas novas, não é apenas o nervosismo. É possível que elas estejam preocupadas, se perguntando se vão conseguir fazer o trabalho, especialmente quando se tratar de uma promoção. Cada um se preocupa com uma coisa diferente. Quanto mais jovens, mais elas tendem a se preocupar se conseguirão se adaptar, fazer amizades e ser aceitas, ao passo que pessoas mais velhas tendem a se preocupar com as responsabilidades do trabalho.

pense rápido

"RÁDIO-PEÃO"

Goste você ou não, a "rádio-peão" existe. Sempre existe. E pode exercer uma influência ponderável na maneira como o novo empregado enxerga sua organização. Se a rádio-peão andar cheia de boatos sobre a venda da empresa, ou sobre demissões, exonerações e transferências, o novo contratado se sentirá intranqüilo e nervoso. É sua obrigação, como chefe de pessoal, saber qual é o último boato – e também é sua obrigação acabar com ele. Boatos resultam de informações comunicadas de forma precária e, como é inteligente, você regularmente conversa com sua equipe para deter esses disparates. Você até pode avisar o novo empregado sobre algum boato que esteja circulando, assegurando-lhe de que, se ele não ouvir a informação de você, poderá ignorá-la. A rádio oficial é você. Fale para o seu pessoal que eles também deveriam se preocupar em transmitir as informações oficiais.

SENTINDO-SE PERDIDO E CANSADO

Então, o seu papel é tranqüilizar toda essa gente diferente, com suas diferentes preocupações, assegurando-lhes que elas são todas infundadas e que tudo vai dar certo. As preocupações que mais assaltam os novatos: ficar perdido, não ser levado a sério, agradar, não obter informações suficientes para fazer o trabalho, atrapalhar-se e não ser ajudado, satisfazer os superiores o suficiente para permanecer no emprego e terminar o período de experiência e evitar cometer erros. Eles pisarão em ovos e ficarão excessivamente nervosos, o que aumentará ainda mais a probabilidade de errarem.

Então, o seu papel é tranqüilizar toda essa gente diferente, com suas diferentes preocupações, assegurando-lhes que elas são todas infundadas e que tudo vai dar certo

Eles também ficarão cansados. O cansaço é uma maneira natural de o corpo lidar com o *stress* de um primeiro dia de trabalho. Dê ao iniciante várias pausas e a oportunidade de se sentar tão freqüentemente quanto possível.

Tranqüilize-o

Você também precisará tranqüilizá-lo a respeito de todas as outras preocupações. Mostre-lhe orga-

pense rápido

AMORES NO TRABALHO

De vez em quando, acontece. E o que você diz a respeito disso ao novo empregado? Se não disser nada, ele poderá arriscar entrar nesse barco. Se disser alguma coisa, arriscará trair confianças, provocar antipatias, espalhar boatos que poderão não ser tão verdadeiros quanto você pensa – em suma, você estará se colocando na linha de fogo. O mais inteligente nesse caso é jogar na sua conversa de apresentação um comentário casual do tipo: "Ah, e pode ser que você ouça boatos sobre a Alice do seu departamento e o Carlinhos da produção. Não tenho a menor idéia se eles têm fundamento ou não, mas achei que você deveria saber." Dessa forma, você terá se colocado a salvo, se não for verdade – embora você saiba muito bem que é – e terá dado a ele um certo aviso para que ele não diga algo negativo sobre o Carlinhos sem saber. Obviamente, isso se aplica somente a pessoas com quem o novo empregado irá trabalhar diretamente. Outra medida que também vale a pena é avisar quem é casado com quem, a título de precaução.

nogramas da empresa e indique exatamente onde ele se encaixa. Se você for o supervisor direto, precisará detalhar exatamente quais são os deveres dele e o que dele se espera. Se você não for o supervisor direto, mas tiver relacionamento estreito com o cargo dele, poderá deixar essa tarefa ao supervisor imediato do novo empregado.

PONDO AS MÃOS À OBRA

Muito do que discutimos até agora tem a ver com a parte administrativa e psicológica do pacote. Mas há um outro lado disso tudo. O novo empregado está aqui para fazer um trabalho. Este é o seu primeiro dia. A melhor coisa que você pode fazer por ele é mandá-lo pôr mãos à obra, fazer alguma coisa útil.

pense rápido

E SE ALGUMA COISA DER ERRADO?

O novo empregado sabe o que fazer, se algum equipamento falhar? Há alguma forma prescrita para se solicitar reparo, chamar um engenheiro ou comunicar a manutenção? Deve haver essa forma, e todos devem agir da mesma maneira para solucionar tais problemas. Reparos devem ser reservados ao pessoal qualificado, não deixados a cargo de funcionários da equipe. Mesmo que o Ruizinho da expedição saiba exatamente onde aplicar um soco para que a copiadora volte a funcionar, essa atitude não deve ser incentivada. Mande consertar da maneira certa, pela pessoa certa, e assegure-se de que o novo empregado aprenda o procedimento.

Dê-lhe várias pausas e a oportunidade de se sentar tão freqüentemente quanto possível

II pense rápido

LIDANDO COM UMA SITUAÇÃO POTENCIALMENTE DIFÍCIL

E se o emprego ao qual ele se candidatou e para o qual foi contratado também tenha sido alvo de procura – sem sucesso – por alguém com quem ele terá de trabalhar, no mesmo departamento ? O que você fará a respeito dessa situação potencialmente difícil? Contará ao novo empregado? Indícios sugerem que contar é a política mais inteligente. Se a outra pessoa que se candidatou ao emprego foi considerada muito inexperiente ou inadequada para a promoção, então o seu novo empregado não terá muito problema, tão logo convença a outra pessoa de que ele é adequado para a função. Se a outra pessoa tiver o mesmo status, o novo empregado terá de encontrar maneiras de trabalhar com ela sem incomodá-la – nada de gabar-se, vangloriar-se, ou deitar mais lenha na fogueira. A situação tem de ser enfrentada com diplomacia, razão por que o novo empregado precisa ser informado.

Fazendo algo útil

O novo empregado precisa fazer algo útil em seu primeiro dia de trabalho, para sentir que tem valor e que conseguiu realizar alguma coisa. Se der alguma coisa real para ele fazer, você conseguirá que ele sinta que faz parte da equipe muito mais rápido do que se lhe desse históricos da empresa para ler.

Sua meta deveria ser impedi-lo de se entediar, e dar-lhe trabalho real gerará esse efeito. Também demonstrará que você confia nele e está preparado para permitir que ele ponha a mão na massa de verdade.

As tarefas que você confiar ao novo empregado no primeiro dia precisam ajudá-lo a se sentir importante. Portanto, certas regras se aplicam a esta situação:

- **Não lhe dê trabalhos insignificantes**
- **Não lhe dê as piores tarefas, como fazer arquivo ou o cafezinho do departamento**
- **Dê-lhe para fazer algo que tenha relação direta com a razão de ele ter sido contratado**
- **Não o sobrecarregue de trabalho no primeiro dia**
- **Dê-lhe para fazer algo que represente um desafio para ele, e não uma missão impossível**
- **Certifique-se de que ele seja supervisionado.**

Isso mais do que chega, para o primeiro dia. Ele estará exausto, mas confiante; esgotado, mas não derrotado. Já terá conhecido algumas pessoas com quem irá trabalhar e se entrosado com o seu guia. Já terá dado um giro pelo prédio e descoberto onde se encontram as amenidades realmente úteis,

O novo empregado precisa fazer algo útil em seu primeiro dia de trabalho, para sentir que tem valor e que conseguiu realizar alguma coisa

tais como os toaletes, a cantina e a máquina de café. Irá para casa sentindo-se satisfeito e confiante de que fez a escolha certa.

E você igualmente poderá ir para casa sabendo que fez um ótimo trabalho, e que também fez a escolha certa.

O SEGUNDO DIA

Você passou bem pelo primeiro dia. Então, o que tem de fazer no segundo dia? Bem, desta vez você não precisará que ele preencha formulários, nem que forneça informações. E pedirá que ele chegue para o trabalho no mesmo horário que todo mundo, e que trabalhe o dia todo. Nada de mandá-lo mais cedo para casa, hoje. Fora isso, o resto será mais ou menos o mesmo que ontem. Se tudo tiver sido bem organizado para o primeiro dia, o segundo dia será sopa para todos os envolvidos.

- Ele se reportará a você
- Você o entregará ao guia
- Ele fará alguma tarefa significativa e útil ligada ao trabalho real dele
- Você deixará a porta aberta o dia todo, caso ele tenha alguma dúvida
- Você o monitorará a intervalos regulares para certificar-se de que ele vai indo bem
- Você pedirá que ele fale com você antes de ir embora
- Você pedirá ao guia que fale com você antes de ir embora.

Se tudo tiver sido bem organizado para o primeiro dia, o segundo dia será sopa para todos os envolvidos

pense rápido

NADA DE CONTRIBUIÇÕES

Uma regra que você deve impor é que o novo empregado fique de fora de qualquer contribuição que os funcionários arrecadem entre si, durante o primeiro mês. O mais provável é que o novo empregado não conheça a pessoa que será beneficiada com a arrecadação e não dará a mínima se a Bete vai se casar ou o Fernando vai deixar a empresa para passar uns tempos na Austrália. Também não se deve pedir a ele que assine cartões de convalescença, nem que entre na vaquinha para comprar presentes de aniversário ou de despedida para alguém do departamento. Entretanto, ele deverá contribuir para caixinhas do pessoal, como por exemplo para o café ou o chá.

para a próxima vez

Procure ticar os itens de suas listas desta vez, para assegurar-se de que não se esqueceu de nada. Se aparecer alguma coisa que não tenhamos listado, acrescente à sua lista. Monitore como esse novo empregado irá se adaptar e você obterá um bom entendimento do que funciona e do que não funciona, para a próxima vez. Observe eventuais erros que ele cometa, como por exemplo ficar perdido, dirigir-se à entrada errada ou não conseguir encontrar a recepção, e tome medidas para que eles não aconteçam novamente.

Repare em como a sua equipe acolhe o novo colega e anote qualquer coisa que precise ser melhorada para a próxima vez. Anote como funcionou o sistema de guia e como se revelou a sua escolha do guia. Essa é também uma boa oportunidade para monitorar o guia, especialmente se você estiver pensando nele para uma promoção ou um aumento de responsabilidade. Pense no futuro: o novo empregado poderá ser tornar o guia para um novo contratado, da próxima vez. Você até poderá dizer a ele que você pensa nisso; assim, ele saberá o que vai pela sua cabeça e sentirá que você confia nele e conta com ele para essa tarefa, no futuro.

Repare em como a sua equipe acolhe o novo colega e anote qualquer coisa que precise ser melhorada para a próxima vez

4 diferentes necessidades

Há pessoas de todos os tipos e tamanhos, com diferentes níveis de aptidão, experiência, necessidades e capacidades. Neste livro assumimos que o seu novo empregado se enquadre de certa forma nos padrões de sua experiência passada. Mas haverá ocasiões em que precisaremos pensar na adaptação de um empregado que, por uma razão qualquer, requeira outras prioridades ou procedimentos de trabalho alternativos, ou até mesmo diferente tipo de acesso ao edifício onde irá trabalhar. As pessoas têm necessidades infinitamente variadas, muito mais do que você possa imaginar, inicialmente. Todos estamos cientes das necessidades de pessoas deficientes, ou de pessoas de grupos de minoria étnica, mas, e quanto a recém-formados? Ou a ex-presidiários? Mulheres que estejam retomando o emprego em período integral após ter filhos? Pessoas que voltem a trabalhar no país após longo tempo no exterior? Todos esses casos precisam ser considerados, quando se trata de desenvolver programas de iniciação.

A seguir, listamos uma série de tipos de pessoas que você poderá encontrar pela frente, e para as quais terá de elaborar o seu programa:

- pessoas com deficiências
- pessoas com diferenças étnicas
- pessoas que trabalham meio-período
- pessoas que trabalham em turnos diferentes
- pessoas que trabalham a distância
- profissionais liberais
- mulheres que voltam a trabalhar
- pessoas mais velhas
- estudantes recém-saídos do ensino médio
- universitários recém-formados
- gerentes
- pessoas que retornam do exterior
- pessoas que foram transferidas
- pessoas que foram promovidas
- pessoas que retornam ao trabalho após longo período desempregadas
- ex-presidiários
- empregados temporários
- pessoas que compartilham a mesma função
- pessoas que trabalham em casa.

Mas haverá ocasiões em que precisaremos pensar na adaptação de um empregado que, por uma razão qualquer, requeira outras prioridades ou procedimentos de trabalho alternativos

Examinaremos cada um destes casos individualmente, mas de maneira bem rápida, pois sei que preciosos segundos estão correndo.

Pessoas com deficiências

Já há, em inglês, uma denominação politicamente correta para essas pessoas: "pessoas com capacidades diferentes" . Elas não são *deficientes*, mas *eficientes* de uma outra maneira. Se você tiver essa visão, conseguirá planejar um programa de adaptação que atenda às necessidades específicas delas. Se você pensar nelas como deficientes, elas lhe parecerão incapazes. Se você pensar nelas como pessoas eficientes de uma outra maneira, elas lhe parecerão capazes, mas de um modo diferente.

Não cometa o erro de assumir que "deficiente" é a pessoa presa a uma cadeira de rodas. Não necessariamente. Nem todas as pessoas deficientes são iguais. São tão variadas quanto qualquer outro grupo de trabalhadores. Epiléticos, portadores de paralisia cerebral, portadores de cegueira ou de audição parcial e diabéticos, todos entram na categoria de pessoas com capacidades diferentes.

Você precisará estar ciente de qualquer emergência especial ou tratamento de primeiros socorros, por exemplo no caso de epilepsia ou choque insulínico por diabetes. Também precisará estar ciente de problemas de acesso e considerar as diferentes habilidades da pessoa, no caso de incêndio ou evacuação do prédio.

pense rápido

PROCURANDO ASSESORIA PROFISSIONAL

Caso você precise de mais informações, há sites na Internet dedicados especificamente à pessoa portadora de deficiências: conade@mj.gov.br (Conselho Nacional dos Direitos da Pessoa Portadora de Deficiência, ligado ao Ministério da Justiça); www.entreamigos.com.br (Rede de informações sobre Deficiências); www.soleis.adv.br (divulga, entre outras, as leis brasileiras pertinentes ao tema).

A melhor coisa é conversar com a pessoa interessada antes de tomar qualquer medida. Provavelmente você já terá descoberto muitos detalhes na etapa da entrevista.

De acordo com pesquisas, pessoas portadoras de deficiências costumam mais do que compensar eventuais interferências em suas práticas de trabalho sendo mais pontuais, faltando menos por indisposição ou doença, e sendo mais produtivas. Concentre-se, portanto, naquilo que elas *podem* fazer, e não naquilo que *não podem*.

A melhor coisa é conversar com a pessoa interessada antes de tomar qualquer medida

PESSOAS COM DIFERENÇAS ÉTNICAS

Sua função, como chefe de pessoal, é assegurar que nenhum novo empregado seja submetido a qualquer constrangimento racial. Mas as diferenças também poderão ser de ordem cultural, lingüística, religiosa, de formação ou origem social. Pessoas com diferenças étnicas precisam ser aceitas em sua equipe de maneira eficiente e com naturalidade. Isso significa ter de conversar com o seu pessoal com antecedência. As diferenças poderão abranger horas especiais do dia para oração, dietas especiais ou até instruções por escrito em um idioma estrangeiro. Todas essas providências talvez sejam necessárias para proporcionar ao novo empregado uma adaptação fácil e tranqüila à sua equipe.

Pessoas que trabalham meio-período

Tudo o que você fizer para as pessoas empregadas em período integral, também deverá fazer para as que trabalham meio-período. Elas não são diferentes em nada – apenas trabalham menos horas para você. A etapa de adaptação deverá ocorrer durante o período normal de trabalho delas – exatamente como seria para um empregado em período integral – e não fora dele. Elas poderão precisar de um treinamento mais intensivo ou mais freqüente, já que os intervalos entre as sessões poderão ser mais longos e assim, fazer com que elas retenham menos informações. Conseqüentemente, você poderá ter de prolongar o período de experiência delas, ao levar este fato em conta.

Pessoas que trabalham em turnos diferentes

O mesmo vale para pessoas que trabalhem no segundo ou no terceiro turno: o treinamento deve

pense rápido

DIFERENÇAS ÉTNICAS

Desejando mais informações sobre o tema, consulte na Internet os seguintes sites: www.presidencia.gov.br, www.afirma.inf.br e www.maishumana.com.br. Eles trazem informações sobre políticas de ação afirmativa e de combate à discriminação racial. Procure também aconselhar-se com alguém da empresa que conheça e entenda as diferenças étnicas.

ocorrer nas horas normais de trabalho delas, e elas têm direito a um programa completo de adaptação.

PESSOAS QUE TRABALHAM A DISTÂNCIA

Essas pessoas têm pouco contato com o escritório e podem ser difíceis de incluir em um programa de iniciação. Mas você não pode deixar de incluí-las. Você terá de achar uma maneira de elas sentirem que pertencem à empresa, mesmo se tra-

pense rápido

PESSOAS QUE TRABALHAM AO TELEFONE

Essas pessoas podem ser consideradas da mesma forma que as que trabalham à distância, implicando portanto as mesmas providências para assegurar que se sintam incluídas e que passem por todo o treinamento necessário ao seu caso específico.

Tudo o que você fizer para as pessoas empregadas em período integral, também deverá fazer para as que trabalham meio-período

balharem a uma distância considerável dela, como por exemplo trabalhadores em plataformas de petróleo, representantes de vendas e pessoal de assistência técnica. Elas poderão precisar de treinamento especial de adaptação para preparação de relatórios de despesas, comunicação com o escritório da empresa, comunicação em caso de doença, dúvidas e consultas técnicas, ação por iniciativa própria ou tomada de decisões. Também poderá ser necessário o acompanhamento dessas pessoas por um guia durante algum tempo, para assegurar que elas recebam um treinamento completo dos procedimentos da empresa.

Profissionais liberais

O maior problema que você provavelmente enfrentará ao fazer a iniciação de um profissional liberal é exatamente esse – trata-se de um profissional. Já é treinado e possui uma qualificação importante. Pode se tratar, por exemplo, do médico da empresa. Você sabe que ele tem conhecimentos para curar os doentes – ou ao menos aliviar-lhes os sintomas – então, para quê ele vai precisar de adaptação? Ora, ele também precisará conhecer a empresa fisicamente, saber a quem se reportar, como será pago, o que fazer se algo der errado, participar dos exercícios de simulação de incêndio, e saber onde ficam a cantina e os banheiros. Ele também é humano e precisa de incentivo e acompanhamento, para se sentir parte da equipe e não ficar deslocado.

Mulheres que voltam a trabalhar

Você já tentou cuidar de crianças e administrar uma casa? Tente por um tempo e descobrirá que essas tarefas requerem muitas habilidades e talentos, tais como fazer um orçamento, ter disciplina, motivação e coerência, saber planejar e tomar decisões, ter capacidade de supervisão, de formar equipe, de adaptar um novo empregado, possuir habilidades de manutenção e reparo, ter diplomacia, saber negociar e muitas, muitas mais. O seu maior desafio no caso de mulheres que voltam a trabalhar é imbuí-las de confiança em si próprias. Elas têm as habilidades, mas precisam perceber que têm valor e utilidade no local de trabalho. Uma vez superada essa barreira da confiança, você poderá submetê-las à iniciação como qualquer outro grupo de empregados.

Pessoas mais velhas

Elas poderão ter adquirido hábitos próprios. Poderão já ter visto de tudo na vida. Poderão até "já ter feito este trabalho quando você ainda estava nas fraldas, garoto!" Mas tudo isso não impede que elas entrem com uma riqueza de experiência que não

Uma vez superada essa barreira da confiança, você poderá submetê-las à iniciação como qualquer outro grupo de empregados

deve ser ignorada ou negligenciada. Promover a adaptação de uma pessoa mais velha poderá requerer um pouco mais de tato – designar para ela um guia com idade semelhante, ao invés de um jovem iniciante, poderá ajudar – mas você obterá um ótimo retorno, se fizer a coisa direito. Eles temem o fracasso e a rejeição exatamente como qualquer um de nós, portanto capriche nos incentivos, não os proteja nem os trate como se fossem ultrapassados.

Estudantes que acabaram de concluir o ensino médio

Pessoas que acabaram de sair da escola têm muitos obstáculos a superar, incluindo:

- **ter sido treinadas em equipamentos desatualizados**
- **não ter experiência anterior de trabalho**
- **ter baixo nível de atenção devido ao fato de nunca terem tido aulas que durassem mais do que uma hora**
- **ter pouca capacidade de automotivação**
- **ter pouca experiência em atuar ao lado de pessoas com faixas etárias bastantes díspares**
- **trabalhar sozinhas**
- **não estar acostumadas à disciplina do trabalho**
- **não ter experiência em relação a condições e regras de trabalho**
- **não ter experiência na operação de equipamentos em geral**

pense rápido

UM GUIA-IRMÃO

Se o contratado for um estudante recém-formado, consiga-lhe um guia que também tenha saído da escola há pouco tempo. Dessa forma você estabelecerá uma conexão instantânea. O contratado irá respeitar o guia, e o guia terá alguém por quem ele se responsabilize, o que fará com que ambos se sintam adultos.

- **ficar nervosas e inseguras**
- **não ter experiência quanto a regulamentos de segurança e saúde**
- **ter pouca experiência na tomada de decisões.**

Em compensação, elas trazem consigo entusiasmo, capacidade de aprender depressa, ânsia para tentar novos desafios, juventude, energia, vitalidade, vigor e não têm maus hábitos (a não ser, talvez, mascar chiclete, chegar atrasadas e se vestir de uma maneira estranha ou esquisita). Contrate-as bem jovens e você terá ótima argila para moldar. No começo, você terá de lhes dar as informações de colherinha e mimá-las um pouco. Mas elas querem aprender e ainda não perderam o hábito de assim querer. É possível que tenham tido um emprego de meio-período, de entregador de jornal, ou

Os estudantes podem ter tido um pouquinho de experiência em algum trabalho e entender o que se exige deles. Você precisará ser paciente e atencioso

um trabalho temporário, de modo que podem nem ser tão ruins quanto você espera. Podem ter tido um pouquinho de experiência em algum trabalho e entender o que se exige delas. Você precisará ser paciente e atencioso.

Universitáros recém-formados

Assim como os recém-saídos do segundo grau, os universitários recém-formados podem não ter experiência alguma de trabalho; se faz pouco tempo que saíram da faculdade ou universidade, poderão deixar muito a desejar no quesito disciplina de trabalho. Potencialmente, têm dificuldades em ser pontuais, assíduos e participar de reuniões. Podem também ter se especializado em uma disciplina muito limitada, o que significa que poderão ter dificuldades em ampliar seus horizontes e correr riscos. Poderão pensar que o que fizeram na escola automaticamente levará a responsabilidade imediata e trabalho real, e descobrir que a realidade é bem diferente e bastante difícil de enfrentar. Também poderão não ter quaisquer habilidades práticas.

Mas terão conhecimento, entusiasmo, juventude, notável capacidade de aprender e grande poder de raciocínio. Seja atencioso com eles e lhes dê tanta responsabilidade quanto eles puderem assumir e você puder lhes confiar. Quanto mais rápido você os colocar para trabalhar, melhor eles responderão.

II pense rápido

CONVERSANDO COM O SEU PESSOAL

Você precisa conversar com o seu pessoal a respeito das diferenças passíveis de ser encontradas ao ser admitir como novo empregado uma pessoa recém-chegada do exterior. Entre os tópicos a serem abordados, estão: como tratar grupos diferentes de trabalhadores, como se dirigir a superiores e subordinados, como cooperar em um ambiente de trabalho multicultural, além de noções básicas sobre viagens, idioma e moedas estrangeiras. Regressar à terra natal após um longo período vivendo no exterior pode ser um pouco chocante. A pessoa tem uma expectativa do que irá encontrar em seu regresso e é comum sofrer uma grande desilusão. Ela precisará de ajuda para superar esse sentimento, e também para se atualizar no uso de equipamentos, que poderão ser muitíssimo diferentes dos que costumava usar em seu último emprego.

GERENTES

Eles poderão ter experiência no trabalho, mas ainda assim precisarão passar pelo processo de iniciação para se adaptar aos procedimentos e disciplinas da empresa. Em geral, eles não querem passar pelo processo – e a regra aqui é: quanto mais elevado o cargo, menos eles querem se submeter – mas é imprescindível que conheçam as informações básicas que já abordamos anteriormente. Tal-

Você precisa conversar com o seu pessoal a respeito das diferenças passíveis de ser encontradas ao se admitir como novo empregado uma pessoa recém-chegada do exterior

vez não seja o caso de designar um guia para eles – na verdade, eles poderão até se sentir insultados com essa idéia – mas faça com que se apóiem em outro gerente de *status* equivalente, para que aprendam o caminho das pedras. Eles poderão ter de aprender mais sobre os meandros políticos da empresa do que sobre como usar a máquina copiadora, mas mesmo assim necessitarão de ajuda e aconselhamento, no começo. Também precisarão começar a trabalhar para valer o mais rápido possível, para que se sintam satisfeitos.

Pessoas que retornam do exterior

Pessoas que voltam do exterior precisam de tempo para se adaptar, especialmente se se tratar do primeiro emprego que assumem desde seu retorno à terra natal. Os costumes e as práticas de trabalho serão diferentes e as pessoas em geral também as tratarão de maneira diferente. Elas precisarão ser tratadas com bastante compreensão.

Pessoas transferidas

A iniciação deste grupo de pessoas em geral é mais fácil, porque elas já têm um conhecimento das práticas da empresa. Mas esse poderá ser um fator problemático, se houver discrepâncias: a mentalidade "mas-nunca-fizemos-desse-jeito-lá-no-Rio" poderá prevalecer. As pessoas transferidas ainda precisarão de orientação em seu novo posto, mesmo que se trate do mesmo cargo que ocuparam na última praça por que passaram. Elas ainda precisarão conhecer novas caras e nomes, o espaço físico em que irão trabalhar e entender as suas rotinas e procedimentos. Os transferidos costumam ser ignorados sob o argumento de que já devem conhecer tudo. É claro que eles não conhecem, e precisam passar pelo processo de iniciação como qualquer outro grupo de trabalhadores.

Pessoas promovidas

O que acabamos de discutir sobre pessoas transferidas vale para pessoas promovidas a um novo posto de trabalho – elas costumam ser negligenciadas, esquecidas ou ignoradas. Você ainda precisa treiná-las em sua nova função. As conseqüências podem ser desastrosas se você não o fizer, pois tal negligência lhes dará o direito de acioná-lo na justiça trabalhista se você as demitir por incompetência no cargo.

Promoções dentro da empresa são uma política financeiramente muito saudável, pois você economiza nos custos de publicidade e entrevistas, mas tem suas desvantagens, uma vez que o promovido às vezes não consegue ser tratado com o devido respeito que sua nova posição lhe assegura. O processo de iniciação que você desenvolverá para ele vai cuidar disso, desde, é claro, que você esteja ciente dessa possibilidade.

Promoções dentro da empresa são uma política financeiramente muito saudável, pois você economiza nos custos de publicidade e entrevistas

Pessoas que voltam a trabalhar após longo período desempregadas

Essas pessoas precisam do mesmo nível de iniciação que qualquer outro grupo, mas é bem possível que precisem de cuidados extras para aumentar a sua autoconfiança e atualizar-se com relação a práticas e procedimentos modernos de trabalho.

Ex-presidiários

Você já terá sido informado, na etapa da entrevista, a respeito do crime que cometeram. Uma vez empregados – e você já tomou essa decisão – o futuro deles com a empresa deverá basear-se inteiramente em seu desempenho atual. Eles estão sendo empregados para executar um trabalho e a única coisa importante para julgar se o estão fazendo bem é avaliar seu desempenho atual. Nada mais. Você não precisa informar o seu pessoal nem fazer estardalhaço – eles têm o direito de manter seu passado em segredo, exceto se eles mesmos quiserem que ele seja revelado. Trate-os como pessoas que voltam a trabalhar após algum tempo sem emprego, da mesma forma que alguém que esteve desempregado, mas também leve em conta que eles poderão ter adquirido novas habilidades ou recebido treinamento na prisão. Não os trate como estudantes recém-saídos do colegial.

Empregados temporários

Eles também precisarão conhecer fisicamente a empresa, os seus procedimentos, e como se relacionar com outras pessoas dentro da organização. E deverão ser treinados na função para a qual foram contratados. Os temporários costumam se adaptar facilmente e logo se entrosam no ambiente – está na natureza de sua vocação. Mesmo assim, deverão receber orientação do que devem fazer e conhecer onde tudo se encontra. Se eles deixarem a desejar, quase certamente não será culpa deles, e não adiantará simplesmente mandá-los embora e pedir um novo temporário.

Pessoas que compartilham a mesma função

Não cometa o erro de fazer cada uma dessas pessoas passar por apenas meio processo de iniciação. Dispense a ambas igual tratamento e proporcione-lhes um programa de treinamento completo. É preciso esclarecer a ambas o que acontecerá se uma delas estiver em férias ou de licença. É preciso saber exatamente como o trabalho é dividido e o que isso implica. E é também necessário saber exatamente quem é responsável por quais aspectos do trabalho. O processo de iniciação de pessoas que dividem a mesma função tem lá seus desafios, mas, se cada uma delas for tratada como um indivíduo e receber treinamento completo, você não deverá encontrar muitos problemas.

É preciso saber exatamente como o trabalho é dividido e o que isso implica

Pessoas que trabalham em casa

Pessoas contratadas para trabalhar em casa para uma empresa também precisam conhecer os procedimentos e políticas da companhia. Também precisam passar por um processo de iniciação. Se houver razão para que visitem o escritório da empresa, então também precisarão conhecer fisicamente o local. Elas poderão sofrer por estar isoladas e não sentir que fazem parte de uma equipe. Verificações em intervalos regulares são essenciais para ter certeza de que estão seguindo as orientações da empresa em relação ao trabalho. Você poderá estabelecer permanente contato com elas via *e-mail* e telefone. Poderão necessitar de um treinamento adicional em alguma tecnologia moderna; elas terão uma grande dependência dessa tecnologia e não terão o mesmo tipo de apoio e assistência que um empregado normal teria.

pense rápido

QUEM TRABALHA EM CASA TAMBÉM PRECISA DE CONTATOS SOCIAIS

Pessoas que trabalham em casa para a empresa devem ser convidadas para almoços, happy-hours, festas ou qualquer tipo de reunião que seu departamento promova. Elas também precisam ter esse contato social com os outros colegas, pois isso fará com que se sintam parte do grupo e percebam que você se importa com elas.

para a próxima vez

Tenha em mente, já na fase da entrevista, em qual categoria de funcionário o seu candidato se enquadrará, e esteja preparado para adaptar seu programa conforme a necessidade. Obviamente isso não influenciará sua decisão, já que você irá querer o melhor candidato para a vaga, de qualquer maneira.

Se estiver em dúvida sobre como promover a iniciação de grupos diferentes, tais como portadores de deficiência, ex-presidiários ou pessoas que voltam a trabalhar após longo tempo desempregadas, reserve algum tempo para pesquisar o assunto e obter mais subsídios.

Descubra quais políticas a empresa adota em relação a questões como acesso a deficientes, compartilhamento de função, horário flexível, empregos temporários, telemarketing ou pessoas que trabalham em casa. Dessa forma você poderá ajustar o seu programa de iniciação com antecedência e dispor de uma série de orientações já colocadas no papel antes do estágio da entrevista. Estar preparado é usar a cabeça.

Elas também precisam ter esse contato social com os outros colegas, pois isso fará com que se sintam parte do grupo e percebam que você se importa com elas

5 acompanhamento posterior

Então, você conseguiu passar bem pelo primeiro dia – ou primeiros dias. E agora, o que vai fazer com o novo empregado? Ele está se adaptando, fazendo amizades e aprendendo o novo trabalho. Parece que agora você já pode dar uma relaxada... Nem pensar! Este é o momento em que você realmente precisa estar vigilante para impedir que a apatia tome conta e que o novo empregado acabe por ser negligenciado, no lufa-lufa da rotina diária do escritório.

O novo empregado é um recurso valioso no qual você investiu pesadamente. Para alcançar um retorno decente sobre o seu investimento, você terá de seguir um plano de quatro pontos:

- **Você tem de estar comprometido com o progresso dele**
- **Você tem de planejar o futuro dele**
- **Você tem de colocar o seu plano em ação**
- **Você tem de avaliar a eficiência do seu plano.**

Para se lembrar desses pontos, você pode sistematizá-los na frase: *comprometimento e planejamento versus ação e avaliação.*

Vamos examinar rapidamente como se opera esse plano.

Comprometimento

A menos que você pense que seus funcionários podem ser substituídos instantaneamente, você precisará ter um compromisso com eles tanto como pessoas quanto como recursos. Eles representam uma ferramenta valiosa do seu trabalho. Sem eles você não vai muito longe. Portanto faz sentido querer que eles se esforcem ao máximo, enfrentem desafios, se sintam motivados, sejam estimulados, incentivados e elogiados. Você tem de querer o melhor para eles como empregados e como pessoas. Você tem de ter um interesse genuíno por eles. Você tem de se importar com eles.

Como chefe de pessoal, muitas vezes é mais fácil enxergar os seus colaboradores como unidades de trabalho do que como pessoas, com tudo o que isso implica: ter problemas, enganar-se, fazer algo errado, deixar de ser cooperativo algumas vezes, sentir-se deprimido, chegar atrasado, tirar folgas, esquivar-se de responsabilidades, e, de uma forma geral, comportar-se de um jeito totalmente humano. Mas, quanto mais comprometido com eles você for, tanto como equipe quanto individualmente, mais fácil será ser realista e aceitá-los com todos os seus defeitos. Mantenha suas expectativas em um nível realista e trabalhe com o que você tem. Enquadrar um novo empregado nessa filosofia é fácil, porque você não espera que ele seja perfeito. Mas se você estiver comprometido, você esperará que ele dê o melhor de si e, com sua ajuda, cresça à altura do desafio, goste do trabalho e queira progredir e melhorar. Seu compromisso com ele é tratá-lo bem e ser o melhor chefe que ele já teve na vida.

PLANEJAMENTO

Todo iniciante, não importa o quão humilde seja seu primeiro emprego, tem o potencial de alcançar o topo; ele poderá ocupar o seu cargo um dia e até atingir postos mais elevados. Todo iniciante é um presidente ou superintendente embrionário da empresa. O tempo que ele passará com você é parte do primeiro passo dele ao longo dessa estrada. Alguns ficarão pelo caminho, mas todos devem ter a oportunidade de alcançar o ponto mais alto que desejarem. É aqui que entra o seu planejamento. Você precisa ter um plano. Não apenas para o primeiro dia ou a primeira semana, mas para o ano que vem e para os seguintes. Você precisa dar início a esse plano antes do primeiro dia do novo empregado. Você tem de desenhar o futuro dele – com a cooperação dele, é claro. Se começar como escriturário, você deverá olhar para a frente, para o tempo em que ele for um contador sênior. Se começar fazendo o cafezinho, você deverá enxergá-lo como um diretor financeiro em potencial.

Obviamente, você quer que ele faça determinado trabalho. É para isso que o contratou. Você precisará:

- **treiná-lo no emprego**
- **incentivá-lo a ter em vista o próximo cargo que ocupará**
- **começar a treiná-lo para esse cargo enquanto ainda estiver na função original**

Dessa forma, você terá um programa permanente de treinamento. Assim que ele for promovido, você já começará a introduzi-lo em sua próxima etapa, o próximo cargo que irá ocupar.

Ação

Todos os dias de trabalho deveriam ser dias de treinamento. Essa é uma regra simples. Todos os dias deveria haver algum tipo de desafio em direção ao novo passo da carreira do iniciante. Quando você o treinar para o trabalho, você explicará a ele por que aquele trabalho é tão importante – como as partes se encaixam para compor o todo. Você explicará o papel vital dele, para que ele sinta com muita clareza que faz parte da equipe. E, conhecendo a próxima etapa, você já começará a explorar meios de ele contribuir mais.

Todos os dias de trabalho deveriam ser dias de treinamento. Essa é uma regra simples

Esse treinamento tem de ser realista e constante. Desenvolva seu plano e siga –o. Haverá ocasiões em que treinar será a última coisa que você irá querer fazer, mas, como chefe de pessoal, é de grande importância que você puxe pelos iniciantes. Simplesmente fazer o trabalho jamais deveria ser o bastante. O novo empregado deve ser estimulado a assumir mais responsabilidade, aumentar sua carga de trabalho, tentar novas tarefas e ampliar seus horizontes. Chefiar uma equipe é mais ou menos como ser pai ou mãe. Você não esperará que seus filhos fiquem estáticos. Eles não ficarão. Eles crescem e aprendem, mudam e se adaptam. Os membros de uma equipe são os seus filhos e, na qualidade de pai ou mãe na empresa, você terá de criá-los *treinando-os*.

Avaliação

Nenhum treinamento é eficaz, se você não monitorar e avaliar sempre. Será necessário ter um programa continuado de avaliação que lhe permita medir regularmente o desempenho de cada um dos membros de sua equipe. Você também precisará dispor de um sistema para julgar a eficácia de seu programa de iniciação, assim como um sistema de *feedback*, para que o novo empregado saiba como está se desempenhando.

Ficará a seu critério o modo de implementação de qualquer desses quatro estágios fundamentais.

Cada equipe é uma equipe e cada uma funciona a seu próprio modo. Você tem de considerar suas necessidades e adaptar o treinamento de acordo com elas. Mas todo santo dia é dia de treinamento. Agora você pode ir receber o seu novo empregado com toda a segurança.

para a próxima vez

Procure entender e implementar o plano de quatro pontos -- comprometimento e planejamento versus ação e avaliação. Reflita sobre como cada um de seus novos contratados pode progredir. Tente projetar onde eles estarão daqui a um ano, daqui a cinco e daqui a dez anos. Empenhe-se para que cada novo empregado receba:

- apoio
- incentivo
- orientação
- feedback

Procure estabelecer metas que sejam:

- justas
- específicas
- mensuráveis
- atingíveis
- realistas.

Nenhum treinamento é eficaz se você não monitorar e avaliar sempre. Será necessário ter um programa continuado de avaliação

novo empregado em uma hora

Se você realmente deixou para a última hora, só lhe resta fazer o seguinte. A primeira coisa é estabelecer um objetivo (veja Capítulo 1) e tratar de persegui-lo: *proporcionar ao novo empregado uma iniciação eficiente e calorosa.* Não deixe de informar a recepção sobre:

- **a pessoa que irá se apresentar**
- **o que deverá fazer com a pessoa**
- **quem deverá ser comunicado quando ela chegar.**

Vá até a recepção e cumprimente o novo empregado pessoalmente, saiba o nome dele, em qual departamento irá trabalhar, para qual função foi contratado e quem é seu supervisor direto. Se você não escolheu um guia para ele, faça-o agora (Capítulo 3). Procure selecionar alguém com idade e interesses semelhantes, e rapidamente vá e pergunte ao escolhido se ele muito gentilmente concordaria em fazer-lhe esse favor assim de repente, sem lhe ter avisado com antecedência.

Consulte a lista sob o título O Contrato, no capítulo 2, e verifique os documentos que ele deverá ter trazido com ele, tais como RG e CPF, CTPS, o nº de inscrição no INSS e dados da conta corrente bancária.

Apresente-o ao resto do pessoal – mas especialmente àqueles com quem ele trabalhará diretamente. Apresente-o ao guia. Tome um café e prometa nunca mais deixar para a última hora a sua parte.

novo empregado em 15 minutos

Em circunstâncias normais, se você realmente tivesse deixado para providenciar tudo nos últimos 15 minutos, aconselharia você a adiar a data de início do novo empregado. Mas, desta vez, não será possível. Terá de ser já. Enquanto você está lendo este parágrafo, o seu novo empregado já está chegando ao portão de entrada. Você só tem esse prazo até que ele se apresente à recepção.

Pegue uma folha de papel e escreva o nome dele, o departamento onde irá trabalhar e a função que irá ocupar.

Tome rapidamente a decisão de quem será o guia do novo empregado (veja o título "A filosofia do guia", capítulo 3) escolhendo alguém que tenha mais ou menos a mesma idade dele. Pergunte educadamente ao escolhido se ele estaria preparado para assumir essa tarefa assim de chofre.

Agora só lhe resta tempo para ir pessoalmente até a recepção e cumprimentar o seu novo empregado. Se ele estiver atrasado, pelo amor de Deus, não seja duro com ele. Por muito pouco, quem não chega atrasado é você.